SE LEAL A TI

SIGUE TU INTUICIÓN

HAIFA GHAWI

SE LEAL A TI

SIGUE TU INTUICIÓN

Título: *Sé leal a ti. Sigue tu intuición*
© 2019, Haifa Ghawi

Autoedición y Diseño: 2019, Haifa El Ghawi Barud
Primera edición: Julio de 2019
ISBN-13: 978-84-17781-76-7

*"La vida no se trata de encontrarte a ti mismo.
La vida se trata de crearte a ti mismo".*

GEORGE BERNARD SHAW

Dedico este libro especialmente a mi querida hermana Aurora, por ser la persona más leal que he conocido, por todo su cariño, su paciencia, su ayuda y sobre todo por todo el apoyo que me ha brindado a lo largo de mi vida.

Para ti, amigo lector

*Cuando te ames a ti primero, cuando te aceptas tal
y como eres, con tus cualidades y defectos, cuando
dejas de aparentar y de buscar la aprobación de los
demás (solo por agradar),cuando eres honesto contigo
y haces aquello que te agrade, es cuando
empiezas a ser libre.*

*"Sé la persona que eres. Nunca trates de ser otra, así
podrás madurar. La madurez es aceptar la responsabilidad
de ser uno mismo, sea cual sea el precio."*

Osho

AGRADECIMIENTO

Agradezco a Dios por haberme dado nuevamente la oportunidad de escribir el segundo libro de mi trilogía: *SÉ LEAL A TI.*

Quiero agradecerte a ti, amigo lector, por haber elegido leer mi libro, por brindarme tu tiempo y tu atención y por darme la oportunidad de cumplir con mi objetivo.

También quiero agradecer a mi madre y a mi hermana por todo su amor y por haber creído en mí.

En especial, quiero agradecer a mi mentor, LAIN GARCÍA CALVO, por todas sus enseñanzas, por todo el apoyo brindado en esta maravillosa experiencia de transformación personal y por haber creído en mí. Sin su ayuda, este sueño no hubiera sido posible. Gracias, gracias, gracias, Lain.

¿POR QUÉ TENDRÍA YO QUE LEER ESTE LIBRO?

Porque hoy en día vivimos en un mundo en el cual todo ser humano requiere sentirse aceptado, integrado a la sociedad, pero, sobre todo, necesita sentirse amado.

Sin embargo, a veces, con tal de ser aceptados, dejamos de ser nosotros mismos, nos autoengañamos, nos traicionamos, nos mentimos, ponemos a los demás antes que a nosotros mismos -ya sea consciente o inconscientemente- con tal de agradar a los demás o simplemente por encajar.

Después, con el paso del tiempo, te das cuenta de que por más que haces, si tú no te amas lo suficiente, nadie más lo hará; si tú no te valoras, nadie más lo hará, y en algunas ocasiones, puede que llegues a sentir que, hagas lo que hagas, nunca es suficiente.

Toma tiempo darse cuenta de eso, lo empiezas a comprender conforme vas madurando o a través de las experiencias.

Llega un día en que te deja de importar lo que los demás dicen o piensan de ti, eso sucede a partir de que empiezas a ser leal a ti, a seguir a tu intuición y a escuchar tus corazonadas.

Es entonces cuando te liberas de la opinión ajena y emprendes el camino para ser quien realmente has venido a ser, la mejor versión de ti, una persona más feliz, más libre y con más cosas para contribuir a los demás.

No hace falta mendigar la atención, el reconocimiento ni el amor, ya sea de familiares, amigos, en el trabajo o en las relaciones. Las personas auténticas como tú son las que te aceptarán y te amarán tal como tú eres, las personas correctas llegarán a tu vida.

Cuántas veces te ha pasado que tu intuición te dice: ten cuidado con esta persona o tal situación, pero tu mente dice: estás exagerando o estás pensando mal, hasta que te pasa algo y es cuando te das cuenta de que tenías razón.

Es la intuición la que sabe la verdad, pero muchas veces no la escuchamos, la ignoramos. La clave está en dejarte guiar por ella y en decirte siempre la verdad. Sé leal a ti y no te sientas mal por ser diferente o por pensar diferente a los demás, déjate guiar por lo que sientes.

*"Ser auténtico significa ser fiel a uno mismo.
Es un fenómeno que pocas personas pueden afrontar.
Pero quienes lo hacen, lo consiguen: una belleza,
una gracia y una satisfacción inimaginables."*

OSHO

INTRODUCCIÓN

SÉ LEAL A TI es un libro que trata acerca de cómo a pesar de haber vivido en dos diferentes culturas, de distintas ideologías y formas de pensar, donde cada una tiene sus propias percepciones, aprendes a vivir tu vida de la mejor manera posible, eligiendo hacer aquello que te hace feliz, sin perjudicar a los demás.

Uno de los mayores retos al que te enfrentas al ser de dos nacionalidades es a conocer bien tu propia identidad, ya que hay momentos en que sientes que no terminas de encajar en ninguno de los dos países.

Es solo a través del tiempo, conforme vas madurando, cuando comprendes que eres una mezcla de ambas culturas. Entonces decides elegir qué es lo que más te gusta de cada una de ellas, aprendiendo a ser auténtico y por lo tanto a ser leal a ti, independientemente de sus tradiciones, costumbres o creencias.

ÍNDICE

CAPÍTULO 1

¿QUÉ ES SER LEAL A TI?

Ser leal a ti es poder ser tú mismo, ser quien eres de verdad, sin tener que fingir ni actuar, siendo auténtico y genuino en tu forma de ser, de pensar y de actuar.

Eso no quiere decir que vayas a decir las cosas lastimando a los demás solo por decir lo que piensas o sientes, sino que hay que decirlas desde el respeto, la educación y con tacto, para evitar herir o lastimar a los demás.

Quienes te quieren de verdad te aceptan tal como eres, con tus cualidades y con tus defectos.

Los que creen en ti, los que te aman de verdad, de forma incondicional, en lugar de juzgarte, van a tratar de comprenderte, y si estás equivocado (a), te van a hacer ver tus errores con la intención de ayudarte, ya sea para corregir tu comportamiento o aconsejarte en una determinada situación.

> *"Nunca des explicaciones. Tus amigos no las necesitan. Tus enemigos no las creen."*
>
> Oscar Wilde

¿Qué implica ser uno mismo?

Ser uno mismo implica, antes que nada, **TIEMPO PARA CONOCERTE A TI MISMO**. Cada quien tiene su propio tiempo para madurar y su manera de ir aprendiendo, dependiendo de sus circunstancias, a cada persona le toca vivir diferentes situaciones en la vida.

Implica **SER HONESTO CONTIGO MISMO**, no autoengañarte, no mentirte. Por ejemplo, ya sea en una amistad o en una relación, muchas veces sabes la verdad, esa es tu intuición, sin embargo, a veces es tan sutil, como un susurro, que pudiera ser que por eso no te das cuenta, o no le prestas la suficiente atención y pasa desapercibida.

En cambio, en otras ocasiones, cuántas veces te ha pasado que has intuido que algo no está bien, ya sea con alguna situación o persona y si le pones atención, sin embargo, crees que estás pensando mal y tal vez hasta te llegas a sentir culpable o simplemente crees que estás exagerando, pero después de un tiempo, algo pasa y el tiempo te da la razón.

¿Alguna vez te ha pasado que quieres hacer algo pero te sientes inseguro, entonces pides opiniones a otros y acabas más confundido que antes?

Eso pasa porque escuchas más a las voces ajenas que a tu propia voz interior. Con el tiempo te das cuenta de que tú no estabas equivocado, piensas: en el fondo sabía que esto iba a pasar, y entonces te preguntas: ¿Por qué no seguí mi intuición?

Ser leal a ti implica también **SER VALIENTE Y SER FUERTE,** ya que muchas veces te vas a topar con el rechazo o la crítica, por pensar diferente o por no querer hacer lo que todos los demás esperan de ti.

Si no estás de acuerdo con algo, no pelees, pero no hagas algo en contra de tu voluntad si desde tu interior o tu punto de vista no estás de acuerdo o no sientes que está bien.

La pregunta es: ¿Cómo y cuándo te empiezas a conocer a ti mismo? En lo personal, creo que es a través de las experiencias que te suceden a lo largo de tu vida y la manera en cómo reacciones a ellas es lo que te va formando. Con el tiempo puedes aprender a transformar en ti aquello que quieres mejorar para ser tu mejor versión.

CAPÍTULO 2

EL AUTOCONOCIMIENTO

Cuando tenía entre 14 y 15 años de edad, un día en la escuela, me enteré de que iba a haber un evento para festejar el Día de las Madres; la simple idea me emocionó mucho, iba a ser la primera vez que iba a saber cómo se festejaba el Día de las Madres en México.

Sin embargo, un profesor (no recuerdo qué materia o clase nos daba) nos dijo a todo el grupo que no deberíamos asistir a ese evento, ya que no valía la pena.

No había alguna razón lógica de por qué no deberíamos asistir, pero la verdad es que al profesor no le caía muy bien el Director de la escuela y en varias ocasiones llegaba a hablar mal de él a todo el grupo.

Conforme se fue acercando el día del evento del Día de las Madres, el profesor nos decía nuevamente que no deberíamos asistir, de hecho, llegué a escuchar decir a algunos compañeros del salón de clases que al que asistiera al evento se le aplicaría la Ley del Hielo, es decir, que todo el grupo le dejaría de hablar.

Éramos aproximadamente 40 alumnos en el salón de clases, y como tenía muchas ganas de asistir al Evento del Día de Las Madres, decidí ir.

Al principio pensé que era solamente un rumor lo de la Ley de Hielo, porque pensé que no había una razón lógica y de peso para que de verdad la aplicaran.

Entonces asistí al evento, y después de que terminó y regresé a clases, para mi sorpresa ¡TODO EL GRUPO ME APLICÓ LA LEY DEL HIELO! Ya que fui la única persona que asistió al evento.

No tuve otra alternativa más que ser fuerte y seguir adelante. Me dejó de hablar todo el grupo por unos días, y aunque sentía feo, me aguanté, no me arrepentí de la decisión que tomé, por dos simples motivos:

Primero porque no le veía nada de malo asistir a un evento del Día de las Madres y segundo porque yo quería saber cómo era un evento de ese tipo, aquí en México.

Por eso, a pesar del rechazo por no hacer lo que los demás esperaban de mí, tenía claro que no iba a estar mendigando la amistad ni tampoco iba a hacer algo con lo cual yo no estaba de acuerdo, solo porque lo decía el profesor.

No digo que no haya que obedecer a los profesores, pero también hay que tener criterio propio para saber cuándo sí y cuándo no, en qué sí y en qué no, sin faltarles al respeto. Así pasaron unos días, la verdad nunca me arrepentí, porque estaba siendo leal a mi forma de pensar y de sentir.

A los pocos días, me empezó a hablar de nuevo todo el grupo, al principio estaba seria con ellos, pero después estaba como si nada, pues comprendía que se dejaron influenciar por el profesor.

Después de convivir 3 años en la secundaria con el grupo, de ahí surgieron algunos amigos que hasta el día de hoy conservo su amistad.

Es a partir de la Secundaria cuando comencé a conocerme a mí misma y a darme cuenta de mi forma de ser. Es importante forjar tu carácter, se necesita ser fuerte y valiente para aguantar la presión y el rechazo por ser leal a ti.

La intuición

¿Cómo desarrollar la intuición para tomar mejores decisiones y cómo saber si es o no la intuición?

¿Qué es realmente la intuición y cómo podemos utilizarla para nuestro beneficio?

¿De dónde viene la intuición? La mente nos limita a ver lo intangible, es un poco difícil definirla, es algo que se vive, que se experimenta. Hay diferentes maneras en que podemos recibir información intuitiva.

¿Cómo distinguir cuándo es nuestra intuición, que es un mensaje que viene del Ser Superior y si es solamente producto de nuestra imaginación?

Recibimos información del exterior y también de interior. Cuando nuestra mente está inquieta difícilmente podemos conectarnos con aquella sabiduría interior que es nuestra intuición.

Cuando aquietamos nuestros pensamientos, recibimos visiones, ya sea en forma de frases en nuestra mente así como sensaciones, el canal intuitivo se abre.

¿Cuántas veces tuviste la intuición que te alertaba sobre algo y tampoco hiciste caso? Y como resultado tuviste una mala experiencia; y por el contrario: ¿Cuántas veces escuchaste a tu intuición y tuviste un resultado a tu favor?

Tenemos la capacidad de intuir lo que va a suceder, inclusive de otras personas, inclusive sobre eventos que aún no han sucedido; lamentablemente no hacemos caso de esa información, la ignoramos, por no confiar y por considerarla como parte de tu imaginación, la mente te limita, interfiere. No sabes algo pero lo sabes.

Fuente: Liliana Ruiz www.lilianaruiz.com

Necesidades afectivas

La primera necesidad básica del ser humano es la NE-CESIDAD DEL AMOR. La segunda es de SER ACEPTA-DOS, amados por nuestros padres, hermanos, por nuestra familia y después por nuestros amigos.

La tercera necesidad es la de PERTENCER, creo que esa es la parte que en lo personal, ha sido uno de mis mayores desafíos, ya que al cambiar varias veces de países (entre Líbano y México),después dentro del mismo país de México, lo que más trabajo me costó fue integrarme.

Es difícil cuando estás acostumbrada a tus amigos de tu infancia o adolescencia y después cambias de lugar de residencia, llegas a un lugar nuevo donde no conoces a nadie, sientes nostalgia por tus amigos.

Cuando eres un niño, es más fácil adaptarse, es más fácil hacer nuevos amigos, porque los conoces en la escuela; sin embargo, conforme vas creciendo y llegas nuevamente a un nuevo lugar, donde hay que comenzar de cero, volver a hacer nuevos amigos, buscar un nuevo trabajo e integrarte, no es imposible pero tampoco es una tarea fácil.

A pesar de que a muchos de mis amigos también los conocí en mis diferentes trabajos, sin embargo, conforme uno va creciendo, las personas tienen más ocupaciones y no es como cuando eres niña (o) que tienes más tiempo para jugar y para convivir.

Hoy en día, al menos desde mi propia experiencia personal, el reto más grande al cual me he enfrentado ha sido aprender a gestionar el tiempo.

Es decir, tener tiempo para convivir más con la familia, tener tiempo para hacer amigos, salir con ellos y también para las relaciones, ya que muchas veces nos vemos absorbidos por el trabajo y las actividades diarias.

¿Alguna vez te ha pasado que sabes lo que NO quieres, pero no sabes lo que realmente quieres? O ¿Te ha pasado que sabes qué es lo que realmente quieres, pero no sabes cómo lograrlo?

La clave está en tener CLARIDAD, DIRECCIÓN Y SABER HACIA DÓNDE TE DIRIGES.

En lo personal, lo que más me ha ayudado ha sido leer, leer y leer, ya que eso te ayuda a abrir tu mente a nuevas referencias y cuando menos te lo esperas, en alguna lectura, encuentras la respuesta que estabas buscando.

Esto no sucede de la noche a la mañana, toma tiempo tomar conciencia, saber qué es lo que quieres y sobre todo cómo lo vas a lograr; una vez que descubres qué es lo que realmente quieres, encuentras el cómo.

Lo importante es tener claridad, decidirte, una vez que te hayas decidido, lo que sigue es comprometerte y tomar las acciones necesarias que te van a llevar hacia tu objetivo, no tener miedo, no dejarte dominar por las dudas. Es decir, una vez que has tomado tu decisión sobre cuál es el siguiente paso a seguir, no dudes, sigue adelante, no hay marcha atrás.

En mi caso, lo más difícil ha sido cuando aún no he tomado una decisión, pero una vez que la tomo ya no hay marcha atrás.

"DIRECTION
is so much more important than SPEED,
many are going nowhere fast."

"La Dirección
es mucho más importante que la velocidad.
Muchos van a ninguna parte rápido."

ANÓNIMO

Otra de las necesidades que tiene el ser humano es la del RECONOCIMIENTO. ¿Cuáles son las necesidades básicas humanas?

Todos necesitamos el reconocimiento, primero de nuestros padres, después de nuestros amigos, de nuestras parejas, profesores, jefes, etc. Sin embargo, el reconocimiento debe empezar por ti mismo, sabiendo lo que vales, aceptándote tal y como eres, con tus cualidades y defectos, amándote a ti mismo.

CAPÍTULO 3

ÁMATE A TI MISMO

En lo particular, debido a la cultura en donde nací (cultura libanesa), es muy importante la hospitalidad, hacer sentir bien a los demás, el buen trato hacia el huésped, me enseñaron que debía poner primero a los demás antes que a mí misma (paradigma cultural).

Eso era considerado tener buena educación, sin embargo, con el paso del tiempo, se me quedó como costumbre, pensar primero en los demás antes que pensar en mí misma. Prefería sacrificarme yo aunque me sintiera mal, antes de hacer sentir mal a alguien de mi familia o de mis amistades.

En aquel entonces, creía que era algo bueno el hecho de sacrificarse y ayudar primero a los demás antes que a uno mismo, pensaba que era un acto noble y bondadoso, ya que era una creencia que tenía muy arraigada en mi interior y pensaba que era lo correcto.

Sin embargo, conforme fui creciendo y miré a mi alrededor, me di cuenta de que si tú no haces nada por ti, nadie más lo hará.

Entonces es cuando te empiezas a cuestionar: ¿Porqué si hago tanto por los demás no lo hago por mí?

Son tus sentimientos de inconformidad los que hacen que quieras hacer un cambio en tu vida, es cuando empiezas a despertar a una nueva realidad y te das cuenta de que quieres modificar ciertas situaciones, las cuales antes ni siquiera las notabas, porque tal vez estabas viviendo tu vida en automático.

Es entonces cuando finalmente te decides a pensar primero en ti misma (o), es cuando decides amarte lo suficiente, como para no permitir que nada ni nadie te haga daño, que nada de lo que digan o hagan te afecte, es cuando aprendes a decir NO sin sentirte mal o culpable y empiezas a poner límites sanos por tu propio bienestar.

Después te preguntas: ¿Por qué no hice esto antes? ¿Por qué tardé tanto?

Nunca es tarde, lo importante es haberte dado cuenta. Cada quien va madurando a su propio ritmo, cada persona tiene sus propias lecciones que aprender, lo importante es haber tomado la decisión de pensar primero en ti, de comenzar a tomar acciones que te hagan feliz y que te lleven hacia tus sueños.

Solo depende de ti, decidir tomar el control de tu propia vida, haciéndote totalmente responsable de ella, sin recriminarte, sin echar culpas, sino a seguir adelante y pensar que todo lo que pasa es por una razón, que son aprendizajes los cuales te ayudan a crecer y a ser más fuerte.

Esto te permite creer más en ti mismo, a valorarte y a pensar a quién realmente quieres en tu vida, en todos los aspectos (familia, amigos, trabajo, relaciones, etc.). Quieres empezar a rodearte de personas con tu misma mentalidad (de progreso, de crecimiento, auténticas) que sumen y no que resten, de las cuales puedes llegar a aprender para llegar a ser todavía una mejor persona.

Es entonces cuando empiezas a tomar decisiones diferentes que te llevan a cumplir tus sueños, comienzas a sentirte más libre, más feliz y, sobre todo, a ser tú mismo.

LECCIÓN DEL ALMA:
"Sabes que alcanzaste una lección del alma
cuando las circunstancias no han cambiado
pero la forma en que respondes sí.
Este es el autodominio de la verdadera energía."

ANÓNIMO

Autoestima

En una ocasión me invitaron a un Taller que se titulaba "AUTOESTIMA". Al principio, no quería asistir, mi mente me decía: ¿Cómo vas a ir a un taller con ese título? ¿Qué va a pensar la gente?

Sin embargo, mi voz interior (mi intuición) me decía: debes ir, si no vas, tal vez te pierdas un gran aprendizaje que ahí hay para ti, no te puedes perder esa oportunidad solamente por el miedo al qué dirán.

Así que después de estar entre lo que me decía por un lado mi mente, y por otro lado mi intuición, finalmente decidí asistir.

Fue un taller muy interesante, pensaba que iba a ser una simple plática acerca del tema de autoestima, sin embargo, no fue así, y eso me dejó los siguientes aprendizajes:

1. **Sigue tu intuición**

   De no haber escuchado a mi intuición, me hubiera perdido esa gran oportunidad de haber adquirido nuevos conocimientos.

2. **Si quieres hacer algo, no te detengas por el miedo al qué dirán.** Hazlo, es mejor intentarlo a frenarte solo por el miedo a lo que puedan pensar de ti.

3. **No supongas, solo creas falsas expectativas.** No era una plática como yo pensaba o como suponía, fueron diversas dinámicas que trataban varios temas muy interesantes tales como: El reconocimiento, lo que te dices a ti mismo, cuáles son tus virtudes, cómo te ven los demás, etc.

4. **La percepción.** Con algunas dinámicas que se llevaron acabo, descubrí que tenía una idea equivocada de cómo me percibían algunas personas. Es decir, algunas veces, puedes tener una idea equivocada de cómo te ven los demás. Me llevé gratas sorpresas.

Por ejemplo, una de las dinámicas consistía en enfocarte en lo bueno que ves en los demás, aun de aquellas personas a las que crees que no les agradas o viceversa, aprendes a elegir ver lo bueno en los demás.

Cuando se llevan a cabo este tipo de actividades, te das cuenta de que muchas veces la realidad no es como tú pensabas o como tú la percibías.

"Tu percepción siempre es una interpretación."

ENRIC CORBERA

CAPÍTULO 4

APRENDER A DECIR NO

¿Por qué cuesta tanto trabajo decir no? ¿Por qué es tan difícil?

¿Cuántas veces te ha pasado que cuando has dicho no a algo que no quieres hacer después te sientes con culpa o remordimiento? O por el contrario:

¿Cuántas veces has querido decir que no, pero no puedes porque te da pena o porque te sientes mal y acabas diciendo sí cuando en realidad no quieres?

Pero te sientes mal contigo porque en realidad querías decir no y no fuiste leal a tus sentimientos o a tus pensamientos, y en el fondo te sientes hasta molesto contigo mismo por haber accedido a algo en contra de tu voluntad.

Las razones pueden ser muchas, entre ellas, el sentimiento de culpa, el miedo al rechazo o a la crítica, o por falta de seguridad en ti mismo.

Muchas personas no están acostumbradas a escuchar un no, esto puede ser motivo de molestia o de discusión. Sin embargo, decir no, no tiene nada de malo, al contrario, primero que nada estás siendo honesto contigo mismo y segundo con los demás.

Además, fortalece el carácter, te libera y mejora el sentimiento propio. Decir no, no solo se refiere a la voluntad de querer hacer algo o no, sino que también implica el poner ciertos límites, límites sanos por tu propio bienestar, lo cual a la vez mejora tu calidad de vida.

Al decir no, no estás siendo egoísta, ya que tal vez te guste ayudar y colaborar, pero tienes que pensar en ti primero, no forzarte a hacer algo en contra de tu voluntad o en contra de tu forma de ser o pensar solo por agradar o por encajar, o para que los demás no se molesten contigo.

Con esto no digo que no seas cortés, simplemente busca una manera inteligente de decir no cuando realmente no quieres hacer algo. Por ejemplo, si hay alguien a tu alrededor a quien le inspiras confianza y solo por eso quiere estarse quejando, eso no es sano para ti, ahí aplica el ejemplo de poner límite, evitando en la medida de lo posible a ese tipo de personas.

Muchas veces se tiene la idea equivocada de que decir NO, es ser descortés o grosero. Decir no, solo es entender que hay cuestiones que uno no quiere o no puede hacer, y que no tiene nada de malo expresar lo que se siente.

La necesidad de sentirse aceptado (a), el miedo al rechazo y la confrontación a la crítica son algunas de las principales razones por las que nos traicionamos a nosotros mismos accediendo a hacer aquello que no queremos solo por complacer a los demás.

Ten en cuenta que es imposible querer complacer a todos los que te rodean, nunca vas a quedar bien, siempre habrá alguien que no esté de acuerdo, por lo que lo mejor es que hagas lo que a ti te haga sentir bien, sin dañar a nadie.

Al principio cuesta trabajo decir no, tratamos de dar muchas explicaciones y aun así, algunas personas no lo logran entender y se pueden molestar contigo. Al decir no, uno debe aprender a defender su posición, no hay necesidad de cuestionarse, no se debe temer la reacción de los demás, el decir no implica respeto a ti mismo.

"Debes aprender a decir no sin sentirte culpable. Determinar es un límite sano. Necesitas aprender a respetarte y cuidar de ti mismo."

Anónimo

CAPÍTULO 5

LA ACEPTACIÓN VS. LA RESISTENCIA

Cuando te encuentres ante una situación que te incomoda o que te cuesta trabajo aceptar, en lo personal, a mí me ha funcionado muy bien leer el libro de: *El Poder del Ahora* del autor Eckhart Tolle, ya que te ayuda a enfocarte en el momento presente, evitando que la mente divague en el pasado o en el futuro. Eckhart Tolle dice:

Quejarse es siempre falta de aceptación de lo que es. Si encuentra su aquí y ahora intolerable y lo hace infeliz, tiene 3 opciones:

1. Apártate de la situación

2. Cámbiala

3. O acéptala totalmente

Si en verdad no puedes hacer nada para cambiar tu situación actual, si no está en tus manos o no puedes alejarte, nos recomienda aceptar totalmente dicha situación, soltando cualquier tipo de resistencia interior, es decir, rendirte sin que eso signifique debilidad.

"Solo una persona rendida tiene poder espiritual, por medio de la rendición, usted será libre interiormente de la situación. Puede que descubra entonces que la situación cambia sin ningún esfuerzo de su parte.
En cualquier caso usted es libre".

ECHKART TOLLE

ORACIÓN DE LA SERENIDAD DE
SAN FRANCISCO DE ASÍS

Dios mío, concédeme

SERENIDAD

para aceptar las cosas que no puedo cambiar…

VALOR

para cambiar las que puedo…

y SABIDURÍA

para reconocer la diferencia.

Aristóteles divide los problemas en dos: los que están en nuestro poder y los que no lo están. Respecto a estos últimos, se trata de entrenarlos para sufrir lo menos posible.

Aunque hay muchas cosas que no dependen directamente de ti, de lo que sí tienes el poder es de elegir el modo en que quieres reaccionar a dicha situación.

En el Budismo, se dice que es necesario aceptar las circunstancias de dolor o adversas ya que son parte de la vida (por ejemplo la muerte de un ser querido). Asimismo, en el Budismo, a la aceptación del dolor le llaman: "Desapego".

Por ejemplo, de algo que ya pasó, que ya no puedes cambiar, es inútil gastar tu energía y tu tiempo pensando en cómo pudiste haber hecho las cosas, o en cómo tenían que haber sucedido, o por qué no hiciste algo antes.

No tiene ningún caso hacer esto, no tiene ninguno sentido torturarte mental y emocionalmente en algo que ya pasó y que ya no puedes cambiar.

En lugar de cuestionarte o lamentarte, puedes elegir ver qué lección te dejó esa experiencia, en lugar de pensar que fallaste en algo, y aunque tal vez haya sido desagradable, pero eso que sucedió te hizo más fuerte y obtuviste un nuevo aprendizaje.

Por lo tanto, lo mejor es aceptar lo que pasó, eso te ayuda a liberarte del dolor, del resentimiento, te sientes en paz contigo mismo, ya no te sientes víctima, asimismo, te liberas de la situación y liberas a la persona de toda culpa. Comienzas a tomar el control, a tener el poder de elegir cómo enfrentar cualquier situación, asimismo, aceptando lo que ya no depende de ti cambiar.

Aprendes a tener el valor para ver las cosas como son, y por lo tanto a aceptarlas tal cual son. Asimismo, ya no entregas tu poder a una situación o una persona del exterior, es decir, tu estado anímico ya no depende de lo que sucede en el exterior.

Es comprensible que necesitas sentirte seguro (a), estable, ante cualquier situación de tu vida, y que a veces no obtienes los resultados que tú esperabas, sin embargo, sabes que la vida siempre está en constantes cambios, que todo cambia y que es difícil aceptar los cambios de primera instancia.

Muchas veces suceden situaciones que no te esperas, o no suceden como tú quieres, eso te causa molestias, dolor o incomodidad, pero la realidad es que mientras no haya aceptación y adaptación a lo nuevo, a los cambios, lo único que vas a tener es más dolor.

Entre más te tardes en asimilar una situación, entre más te resistas a ella, entre más estés negado a aceptar la circunstancia que te esté incomodando, doliendo o molestando, mayor es el sufrimiento.

Es verdad que hay ciertas situaciones como la muerte de un ser querido, que es algo muy doloroso e inevitable y que cada persona asimila el dolor de maneras distintas, cada persona requiere de un tiempo para asimilarlo, para aceptarlo y superarlo. En este caso, es inevitable el dolor.

Hay otras situaciones, por ejemplo, que nos causan una molestia, son nuestros sentimientos de enojo o de tristeza los que no nos dejan ver con claridad.

Ante la incomodidad de esos sentimientos, lo más común es negarlos, o bloquearlos, sin profundizar en analizar por qué te sientes molesto (a) o triste ante una determinada situación. Debido a eso, muchas veces simplemente reaccionas y te dejas llevar por tus impulsos y entre más te resistes más se complica dicha situación.

En cambio, si decides observar tu comportamiento o tu reacción ante esa situación, podrías tal vez ver con mayor claridad y comprender tus emociones y ver qué puedes resolver para sentirte mejor.

Para aceptar, es necesario ser lo más honesto contigo mismo, tomar consciencia de lo que sucede en ti y a tu alrededor, desde detectar por qué te afecta o cómo te afecta, tener la humildad para reconocer tus propias dificultades y nuevamente asumir tu responsabilidad para elegir qué actitud quieres tener al respecto.

La aceptación debe empezar por uno mismo, aceptarte con tus cualidades y con tus fallas, tener la disposición para trabajar en ti mismo cada día, para ir logrando una mayor madurez mental, emocional y espiritualmente, para la aceptación ante los cambios y ante las cosas o situaciones que no están en tus manos cambiar.

Por ejemplo, pregúntate: ¿Cómo puedo superar un miedo si lo niego? Es importante hacerte consciente primero de aquello a lo que le temes, qué es aquello que te está frenando, revisa si hay alguna creencia que te impide superarlo y qué puedes hacer para vencerlo.

Al detectar y aceptar cuál es ese temor, es más fácil saber cómo lo puedes superar, pero si ni siquiera te has dado cuenta, ¿Cómo lo vas superar?

Aceptación es también desarrollar la habilidad para adaptarte a los cambios. Nuevamente insisto en que la aceptación de uno mismo es la condición necesaria para el crecimiento personal y para el cambio, lo cual te ayuda también a la aceptación de los demás.

Diferencia entre aceptación y la resignación

Tanto la aceptación como la resignación son palabras que se relacionan, ya sea ante un problema, momentos difíciles, un desafío o una crisis. Por lo tanto, es importante antes que nada distinguirlas.

Ante una situación confusa en la que no sabes qué hacer, surge la siguiente pregunta frecuente:

¿Cuál es el punto en el que uno debe dejar de luchar por cambiar algo y comenzar a aceptar lo que sucede?

La aceptación y la resignación tienen en común que ambas se refieren a dejar de intentar algo. Sin embargo, cada una de estas palabras tiene implicaciones muy diferentes para nuestro crecimiento personal.

"Acepta. No es resignación, pero nada te hace perder más energía que el resistir y pelear contra una situación que no puedes cambiar".

DALAI LAMA

Desde mi punto de vista, la diferencia radica en que la resignación es ante algo que es inevitable, por ejemplo, como la muerte, la cual además de ser muy dolorosa, cada persona tiene su propio tiempo y proceso para asimilarla, para aceptarla y para resignarse.

Aunque el vacío que deja un ser querido nada lo llena, solo con el tiempo el dolor se va aminorando, pero siempre quedará su vacío, el dolor de ya no poder ver más a ese ser querido, de ya no poder escucharlo, de ya no poder hablar con él.

La aceptación es de un hecho del pasado, que como su nombre lo dice, ya pasó, ya no se puede cambiar y, por lo tanto, no tiene ningún caso lamentarse, lo mejor es darle la vuelta y quedarte con el aprendizaje que te dejó esa experiencia, tratar, en la medida de lo posible, de elegir lo bueno que tuvo dicha experiencia, como un aprendizaje.

Cuando quieres cumplir una meta, un objetivo, y tú ya hiciste todo lo que estuvo en tus manos, sin embargo, el resultado no fue lo que esperabas,en ese caso, lo que te recomiendo es practicar el desapego al resultado y dejar fluir las cosas; tú sabes qué hiciste y diste lo mejor, pero si no resultó como querías, es porque tal vez o no era para ti o porque te viene algo mejor.

> *"Cada problema que tienes en tu vida es la semilla de una oportunidad para que tengas un beneficio mayor. Si percibes esto, te abres a una gama inmensa de posibilidades, lo cual mantiene el misterio, el prodigio, la emoción y la aventura viva".*
>
> **DEEPAK CHOPRA**

En conclusión, la aceptación empieza por uno mismo, aceptando quien eres, con tus cualidades y defectos, hacerte consciente, observar tus emociones, pensamientos, tus reacciones, es tener la disposición y la humildad de asumir tu propia responsabilidad, de hacerte cargo de ti mismo y de elegir la actitud con la que vas a enfrentar cada situación de tu vida.

Reflexión: Todo llega a su tiempo (Mahatma Gandhi)

Tú y solo tú escoges la manera que vas a afectar el corazón de otros y esas decisiones son de lo que se trata la vida. Sé firme en tus actitudes y perseverante en tu ideal, pero sé paciente, no pretendiendo que todo llegue de inmediato. Haz tiempo para todo y todo lo que es tuyo vendrá a tus manos en el momento oportuno.

Aprende a esperar el momento exacto para recibir los beneficios que reclamas, espera con paciencia a que maduren los frutos para poder apreciar su dulzura. No seas esclavo del pasado y los recuerdos tristes. No revuelvas una herida que está cicatrizada ni rememores dolores y sufrimientos antiguos ¡Lo que pasó, pasó!

De ahora en adelante procura construir una vida nueva dirigida hacia lo alto y camina hacia adelante, sin mirar atrás. Haz como el sol que nace cada día, sin acordarse de la noche que pasó.

Solo contempla la meta y no veas qué tan difícil es alcanzarla. No te detengas en lo malo que has hecho, camina en lo bueno que puedes hacer. No te culpes por lo que hiciste, más bien decídete a cambiar.

No trates que otros cambien; sé tú el responsable de tu propia vida y trata de cambiar tú. Deja que el amor te toque y no te defiendas de él. Vive cada día, aprovecha el pasado para bien, y deja que el futuro llegue a su tiempo. No sufras por lo que viene, recuerda que "cada día tiene su propio afán".

Busca a alguien con quien compartir tus luchas hacia la libertad; una persona que te entienda, que te apoye y te acompañe en ella. Si tu felicidad y tu vida dependen de otra persona, despréndete de ella y ámala, sin pedirle nada a cambio.

Aprende a mirarte con amor y respeto, piensa en ti como en algo precioso. Desparrama en todas partes la alegría que hay dentro de ti. Que tu alegría sea contagiosa y viva para expulsar la tristeza de todos los que te rodean.

La alegría es un rayo de luz que debe permanecer siempre encendido, iluminando todos nuestros actos y sirviendo de guía a todos los que se acercan a nosotros.

Si en tu interior hay luz y dejas abiertas las ventanas de tu alma, por medio de la alegría, todos los que pasan por la calle en tinieblas, serán iluminados por tu luz.

No desprecies el trabajo que te toca realizar en la vida. El trabajo ennoblece a aquellos que lo realizan con entusiasmo y amor. No existen trabajos humildes, solo se distinguen por ser bien o mal realizados. Da valor a tu trabajo cumpliéndolo con amor y cariño y así te valorarás a ti mismo, Dios nos ha creado para realizar un sueño.

Vivamos por él, intentemos alcanzarlo. Pongamos la vida en ello y si nos damos cuenta de que no podemos, quizás entonces necesitemos hacer un alto en el camino y experimentar un cambio radical en nuestras vidas. Así, con otro aspecto, con otras posibilidades y con la gracia de Dios, lo haremos. No te des por vencido, piensa que si Dios te ha dado la vida, es porque sabe que tú puedes con ella.

El éxito en la vida no se mide por lo que has logrado, sino por los obstáculos que has tenido que enfrentar en el camino. Tú y solo tú escoges la manera en que vas a afectar el corazón de otros y esas decisiones son de lo que se trata la vida.

"Que este día sea el mejor de tu vida"

Fuente: https://www.youtube.com/watch?v=lPdFU7elZSs

CAPÍTULO 6

TU VERDADERO VALOR

¿Cuál crees que es tu verdadero valor? Para conocer tu verdadero valor, primero tienes que conocerte y segundo debes aceptarte tal como eres, con tus cualidades y defectos, saber cuál es tu verdadera esencia y esforzarte cada día para llegar a ser tu mejor versión.

Nunca te valores en base a lo que los demás digan de ti o piensen de ti.

"Eres más de lo que te han PERMITIDO SER, eres más de lo que te han DICHO QUE ERES, eres más de lo que tú mismo te HAS IMAGINADO."

ANÓNIMO

¿Cuántas veces te ha pasado que no tienes ganas de ir a un lugar o de hacer algo, pero lo haces para no quedar mal o por miedo a lo que puedan pensar de ti? ¿O por miedo a que te rechacen o te quieran menos?

¿Te ha pasado que algunas personas se han molestado contigo porque no cumples sus caprichos?

¿Has llegado a intuir que algo está mal con respecto a una situación o persona y aun así no has hecho caso?

La mayoría de las veces, por complacer a los demás te acabas traicionando a ti mismo, después te das cuenta de que, en el fondo de tu corazón, tú siempre supiste la verdad respecto a cierta situación o persona.

Desde mi punto de vista, solo a través de las experiencias y el tiempo es como aprendes a escuchar a tu intuición, a tu voz interior (que es el mensaje de Dios o la forma como se comunica contigo).

Comienza a valorarte

Comenzar a valorarte es una de las tareas que debes aprender a realizar, empezando por reconocer tus talentos, saber cuáles son tus fortalezas, que quieres mejorar en ti,para tu propio crecimiento y progreso.

No es una tarea fácil, sin embargo, vale la pena. Lo primero es aprender a tratarte y a hablarte bien, a ser contigo mismo como si fueras tu mejor amigo, a creer en ti, a no mendigar atención, a darte cuenta cuando alguien no te trata bien, a respetarte a ti mismo, a no conformarte con menos de lo que realmente te mereces, a valorar tus éxitos, a hacer aquello que a ti te hace feliz (que no hace daño a nadie),eso es valorarte.

"Cuando empecé a quererme me liberé de todo lo que no era bueno para mi salud: personas, cosas, situaciones y todo lo que me empujaba hacia abajo y me alejaba de mí mismo. Al principio lo llamaba egoísmo saludable. Hoy sé que es AMOR A UNO MISMO."

CHARLES CHAPLIN

Reflexión: El sabio y el joven frustrado:

Un día un joven frustrado acudió a un sabio en busca de ayuda: Vengo, maestro, porque me siento tan poca cosa que no tengo ganas de hacer nada, me dicen que no sirvo, que no hago nada bien, que soy torpe y bastante tonto.

¿Cómo puedo mejorar? ¿Qué puedo hacer para que me valoren más? El maestro sin mirarlo le dijo:

Cuánto lo siento, muchacho, no puedo ayudarte, ya que debo resolver primero mi propio problema, quizá después. Y haciendo una pausa agregó: Si quisieras ayudarme tú a mí yo podría resolver este problema con más rapidez y después tal vez te pueda ayudar.

El joven, como quería resolver su problema, accedió a ayudar al sabio, así que le preguntó de qué se trataba su problema.

El sabio se quitó un anillo que llevaba en el dedo meñique de la mano izquierda y dándoselo al muchacho añadió:

Toma el caballo que está allá afuera y cabalga hasta el mercado, debo vender este anillo porque tengo que pagar una deuda, es necesario que obtengas por él la mayor suma posible y no aceptes menos de una moneda de oro.

Vete y regresa con esa moneda lo más rápido que puedas. El joven tomó el anillo y partió, apenas llegó al mercado, empezó a ofrecer el anillo a los mercaderes, que lo miraban con algo de interés hasta que el joven decía lo que pedía por él.

Cuando el muchacho mencionaba la moneda de oro, algunos reían, otros le giraban la cara y tan solo un anciano fue lo bastante amable como para tomarse la molestia y explicarle que una moneda de oro era demasiado valiosa como para entregarla a cambio de un anillo.

Con afán de ayudar, alguien le ofreció una moneda de plata, dos monedas de plata y alguno que otro, dos monedas de bronce, pero el joven tenía instrucciones de no aceptar menos de una moneda de oro y rechazó las ofertas.

Después de ofrecer la joya a todas las personas que se cruzaban con él en el mercado, que fueron más de cien, y abatido por su fracaso, montó su caballo y regresó.

Cuánto hubiera deseado el joven tener una moneda de oro para entregársela al maestro y liberarlo de su preocupación, para poder recibir al fin su consejo y su ayuda.

Entró a la habitación. Maestro, lo siento, no es posible conseguir lo que pides, quizás hubiera podido conseguir 2 o 3 monedas de plata, pero no creo que yo pueda engañar a nadie respecto del verdadero valor del anillo.

Eso que has dicho es muy importante, joven amigo, contestó sonriente el maestro. Debemos conocer primero el verdadero valor del anillo, vuelve a montar el caballo y ve a ver al joyero, quién mejor que él puede saberlo, dile que desearías vender el anillo y pregúntale cuánto te da por él, pero no importa lo que te ofrezca, no se lo vendas, vuelve aquí con mi anillo.

El joven volvió a cabalgar, el joyero examinó el anillo a la luz del candil, lo miró con su lupa, lo pesó y luego le dijo al chico:

Dile al maestro, muchacho, que si lo quiere vender ahora mismo, no puedo darle más de cincuenta y ocho monedas de oro por su anillo.

¡Cincuenta y ocho monedas de oro! Exclamó el joven. Sí, replicó el joyero. Pero si me espera un par de semanas, podría comprarle este anillo en setenta monedas.

El joven corrió emocionado a casa del maestro a contarle lo sucedido. Después de escucharlo, el maestro le dijo al joven:

Siéntate, mira, espero que hayas aprendido la lección, tú eres como ese anillo, una joya valiosa y única, y como tal, solo puede evaluarte un verdadero experto.

¿Por qué vas por la vida pretendiendo que cualquiera descubra tu verdadero valor? Quién mejor que aquel que te conoce desde que estabas en el vientre de tu madre, acude a Dios, solo Él conoce tu corazón.

Fuente: https://www.youtube.com/watch?v=sRjlOpUKsyo

CAPÍTULO 7

SELECCIONA TUS BATALLAS

No hay nada que te haga perder más energía que las peleas o las discusiones.

En ocasiones no eres tú quien las provoca, sin embargo, tienes el libre albedrío para decidir no caer en las provocaciones y sobre todo decidir qué actitud tener ante ellas.

Por otra parte, habrá ocasiones en que tal vez te encuentres ante una situación de injusticia y simplemente no la puedes pasar por alto, busca la mejor manera para resolver dicha situación. Algunas veces dependerá de ti, mientras que en otras ocasiones no será así.

La clave está en saber discernir que sí y qué no, es decir, aprender a seleccionar tus batallas, eso te ayudará a no gastar tu energía en peleas que no valen la pena, manteniendo así tu paz interior.

Habrá ocasiones, en que son tus propias batallas internas a las que te tienes que enfrentar, tal vez te resistes a alguna situación con la que no estás de acuerdo, aun así, tienes la opción para elegir cómo la vas a enfrentar.

Reflexión: "Nadie puede dañarte... si tú no lo permites." Mahatma Gandhi

Cuando Mahatma Gandhi estudiaba derecho en Londres, un profesor de apellido Peter le tenía mala voluntad, pero el alumno Gandhi nunca le bajó la cabeza y eran muy comunes sus encuentros.Un día el profesor Peter estaba almorzando en el comedor de la universidad y Gandhi venía con su bandeja y se sentó a su lado, el profesor muy altanero le dice: Mi querido estudiante Gandhi, usted no entiende ¿verdad? un puerco y un pájaro no se sientan a comer juntos jamás.Y Gandhi le respondió:

Esté usted tranquilo, profesor, yo me voy volando.Y se cambió de mesa, el profesor Peter, verde de rabia porque entendió que el estudiante le había llamado puerco, decidió vengarse con el próximo examen, pero el alumno respondió con brillantez a todas las preguntas del examen, entonces el profesor le hace la siguiente interpelación: Señor Gandhi, si usted va caminando por la calle y se encuentra con una bolsa y dentro de ella está la sabiduría y mucho dinero, ¿Cuál de los dos se lleva?

Gandhi respondió sin titubear: Claro que me llevaría el dinero, profesor. El profesor sonriendo le dijo: Yo en su lugar hubiera agarrado la sabiduría, ¿no le parece? Gandhi respondió:

Bueno, pues cada uno toma lo que no tiene profesor y yo gracias a Dios ya tengo mucha sabiduría. El profesor Peter histérico, escribió en la hoja del examen idiota, y se lo devolvió al joven Gandhi. Gandhi tomó la hoja y se sentó, al cabo de unos minutos se dirigió al profesor y le dice:

Profesor Peter, usted me ha firmado la hoja, pero no me puso la nota. ¿Me podría dar otro autógrafo y de paso me pone ahora mi calificación?

A veces la gente intenta dañarnos con ofensas que ni siquiera nos hemos ganado, pero solo nos daña el que puede y no el que quiere, si permites que una ofensa te dañe te dañará, pero si no lo permites la ofensa volverá al lugar de donde salió, seamos fuertes y astutos y nunca permitas que nadie deposite su basura en el cesto de tu vida.

Fuente: https://www.youtube.com/watch?v=7dCf9_hm7c4

Todo tiene su razón de ser

Reflexión: Nadie se cruza por azar en tu vida: Mensaje del autor Paulo Coelho.

Nadie entra en tu vida por azar, las personas entran en tu vida: por una RAZÓN, o por una ESTACIÓN o por una VIDA ENTERA.

Cuando percibas el motivo, vas a saber qué hacer con cada persona. Cuando alguien está en tu vida por una razón es, generalmente, para llenar la necesidad que has demostrado tener.

Ellas vienen para ayudarte con una dificultad, proporcionando apoyo y orientación, ayuda física, emocional o espiritual. Podrán parecer un regalo de Dios y lo son.

Están ahí por la razón que tú necesitas que estén ahí. Entonces, sin ninguna actitud errónea de tu parte o en una hora incierta, esa persona dirá o hará alguna cosa para que la relación llegue a su fin.

Algunas veces esas personas mueren, algunas veces simplemente se van, algunas veces actúan y te fuerzan a tomar una posición.

Lo que debemos entender es que nuestras necesidades han sido atendidas, nuestros deseos cumplidos y el trabajo de ellos hecho. Y ahora es tiempo de marcharse.

Cuando las personas entran en nuestras vidas por una ESTACIÓN…es porque llegó su vez de repartir, crecer y aprender.

Ellas traen la experiencia de la paz, y te hacen reír, ellas te podrán enseñar algo que nunca has hecho. Ellas, generalmente, dan una cantidad enorme de placer. ¡Créeme, es real!

Pero solamente por una ESTACIÓN…Las relaciones de una VIDA ENTERA…enseñan lecciones para toda la vida. Aquellas cosas que debes construir para tener una formación emocional sólida.

Tu tarea es aceptar la lección, amar a las personas y poner en práctica lo que has aprendido en todas tus relaciones y áreas de tu vida.

Un maestro aparece bajo diversas formas y circunstancias. Simplemente tenemos que estar dispuestos a verlo.

Fuente: https://www.youtube.com/watch?v=lvCuA3lGnYQ

CAPÍTULO 8

LOS EXTREMOS DE LAS EMOCIONES

Controlar las emociones es un proceso no imposible, pero sí todo un reto que requiere, antes que nada, estar consciente de ellas.

Asimismo, de aprender a tener autocontrol, autodominio, humildad y honestidad para aceptar lo que estás sintiendo en un determinado momento.

Lo importante es detectarlas y que te des cuenta de cuando tus emociones te están dominando, esto es con el fin de que seas tú quien las domine y no ellas a ti.

También es importante reconocer cuándo te equivocas y no querer siempre tener la razón, ya que de ser así, sería el ego quien te estaría dominando.

El ego no solo no te lleva a ninguna parte, sino que, además, sería el principal obstáculo para que te conviertas en una mejor persona. Por ello, es importante hacerte responsable de tus propias emociones sin echar la culpa a los demás.

Por otra parte, te has preguntado: ¿Qué tan bueno es ser tolerante?

¿Te ha pasado alguna vez, que por no decir lo que te molesta en el momento en que te sucede algo desagradable, después tus emociones te llevan al extremo?

Por ejemplo, como cuando reacciones y te enojas mucho por algo que tal vez no tiene tanta importancia, o cuando dices cosas que tal vez en otro momento de tranquilidad no las hubieras dicho o las habrías dicho de otra manera.

Esto se debe a que, tal vez, un sentimiento de enojo, de molestia o de frustración, que no expresaste en el momento en que era necesario decirlo, o que fuiste callando y acumulando por mucho tiempo, en alguna situación determinada, reaccionas y dices cosas sin darte cuenta de que tus palabras y acciones están siendo dominadas por tus emociones.

Por eso, es recomendable que digas las cosas cuando te molestan, buscando un momento oportuno, expresándolas de una manera adecuada, ya que de lo contrario, por un momento de enojo o de ira, puedes decir o hacer algo, y que después te puedas llegar a sentir mal por ello o que te sientas arrepentido.

"No somos responsables de las emociones, pero sí de lo que hacemos con las emociones."

JORGE BUCAY

En una ocasión, escuché en un programa de televisión la siguiente frase que me gustó mucho y la cual quiero compartir contigo:

"No somos responsables de la cara que tenemos, es decir, si es de tez blanca o morena, si ovalada o redonda, pero sí somos responsables de la cara que salimos a dar allá afuera al mundo".

Cómo combatir la negatividad

¿Cuántas veces te ha tocado convivir o lidiar con gente negativa? Ya sea de tu trabajo, algunos amigos o personas cercanas en tu entorno familiar.

Hay ocasiones en las que uno también se encuentra en una actitud negativa y te das cuenta de que no ganas nada con estar así, solo te sientes peor.

Normalmente uno quiere acercarse a la gente entusiasta, porque te contagian con su alegría, con su entusiasmo, en cambio, de la gente negativa quieres huir de ella. ¿Por qué? Porque corres el riesgo de que te contagies de su negatividad.

¿Qué se recomienda hacer? Tanto si tienes que convivir con personas negativas o si es eres tú el que estás con una actitud negativa, recuerda que tienes la opción de elegir cómo quieres reaccionar ante una determinada situación. Si se trata de ciertas amistades que tienden a la negatividad, lo más recomendable es que las frecuentes menos y te rodees de personas más positivas.

Si se trata de personas cercanas a ti (de tu entorno familiar), trata de aceptarlos como son, pero sin que te afecten, si es posible, verlos en ocasiones especiales. Si son personas de tu alrededor, por ejemplo, de tu entorno laboral, se recomienda lo siguiente:

Primero que nada aprender a identificarlas, segundo estar alerta cuando esas personas llegan a quejarse contigo o a querer llevar y traer chismes, encontrar la manera de no caer en su juego y lo más importante, no permitir que drenen tu energía.

¿Cuántas veces te ha pasado que tú te encuentras bien, te sientes bien, pero después de escuchar a varias personas a tu alrededor con sus quejas o con sus negatividades, acabas sintiéndote igual o peor que ellos?

Esto se debe a que están descargando toda su negatividad en ti, les estás prestando tu atención y, sin darte cuenta, te sientes desanimado porque ya te contagiaron con sus emociones negativas.

La clave está en darte cuenta de ello a tiempo y de una forma educada, tratar de NO entrar en su juego y de **mantenerte enfocado en lo que realmente importa.**

Una vez escuché una metáfora que habla precisamente acerca de cómo cuidar tu energía, evitando caer en la negatividad o contagiarte de ella.

"Si tú estuvieras en el desierto y solamente te quedara una botella de agua, tratarías de cuidar esa agua para que te dure lo más posible durante todo el camino".

Es lo mismo con tu energía, debes cuidarla a toda costa, como si fuera esa botella de agua. No permitas que te quiten tu paz interior, evita a toda costa a la gente negativa y quejumbrosa, evita los chismes y trata de mantener tu mente ocupada siendo productivo (a).

Sé responsable de tu vida, no dependas de otras personas o situaciones exteriores para sentirte feliz, debes automotivarte día a día, elige y dirige tus pensamientos de forma positiva.

Reflexión: El Maestro y el Escorpión

Un maestro oriental que vio cómo un escorpión se estaba ahogando, decidió sacarlo del agua, pero cuando lo hizo el bicho le picó.

Por la reacción al dolor, el maestro soltó al animal y cayó al agua y de nuevo estaba ahogándose. El maestro de nuevo intentó sacarlo y otra vez el bicho le volvió a picar.

Alguien que había observado todo se acercó al maestro y le dijo:

—Perdone, ¡pero usted es terco! ¿No entiende que cada vez que usted intenta sacarlo del agua lo picará?

Respondió el maestro:

—La naturaleza del escorpión es picar y eso no va a cambiar, la mía que es ayudar. Y entonces ayudándose de una hoja, el maestro sacó al animalito del agua y le salvó la vida.

Lección para nosotros: ¿Cuál es tu naturaleza? La de ayudar, a pesar de los problemas, a pesar de las circunstancias, seguir ayudando.

No cambies tu naturaleza de ayudar, que la conducta de otras personas jamás condicione la tuya, y en el futuro, disfrutaremos de un mundo mejor.

"Pero los mansos mismos poseerán la tierra y verdaderamente hallarán su deleite exquisito en la abundancia de paz."

Fuente: https://www.youtube.com/watch?v=AsEk3AngFgQ

Cómo manejar la incertidumbre

¿Te ha pasado alguna vez que no sabes qué hacer ante una situación o ante un deseo?

En lo personal, me ha ayudado mucho apoyarme en las lecturas, sobre todo en el libro: *Las 7 Leyes Espirituales de Deepak Chopra*, en la Sexta Ley Espiritual que trata acerca de: El desapego.

¿Cuál es la relación entre el desapego y la incertidumbre? En este caso, yo lo veo como cuando tienes un deseo y no sabes si vas a obtener el resultado que quieres, o no sabes qué hacer ante una situación de incertidumbre.

A continuación quiero compartir contigo, amigo lector, algunos párrafos de la Sexta Ley del Desapego de Deepak Chopra.

"La Sexta Ley Espiritual del Éxito es la Ley del Desapego. La Ley del Desapego dice que para adquirir cualquier cosa en el universo físico tienes que renunciar tu apego a ella. Esto no quiere decir que renuncies a la intención de crear tu deseo, ni a la intención ni al deseo. Renuncias a tu apego al resultado."

"La práctica de esto tiene mucho poder. En el momento en que renuncias a tu apego al resultado, combinando tu intención en un punto fijo con el desapego, obtienes tu deseo. Cualquier cosa que quieras puedes adquirirla a través del desapego, porque el desapego está basado en la incuestionable creencia del poder de tu verdadero Ser."

DEEPAK CHOPRA

Consejos sabios de Confucio:

1. No importa qué tan lento vayas mientras no te detengas.

2. Nunca enlaces una amistad con alguien que no es mejor que tú mismo.

3. Cuando crees el odio piensa en las consecuencias.

4. Cuando es obvio que las metas no pueden ser alcanzadas, no ajustes las metas, ajusta los pasos de acción.

5. Si odias a una persona, entonces te ha derrotado.

6. Exígete mucho a ti mismo y espera poco de los demás, así te ahorrarás disgustos.

7. Elige un trabajo que ames y no tendrás que trabajar ni un día en tu vida.

8. Escucho y olvido, veo y recuerdo, hago y entiendo.

9. Gobierno opresor se debe temer más que un tigre.

10. El principio de la sabiduría es llamar a las cosas por su nombre.

La insatisfacción

¿Alguna vez te ha pasado que, a pesar de tus esfuerzos, algunas personas de tu alrededor se sienten insatisfechas con lo que das o con lo que haces?

En una ocasión, era un día en el que había tenido mucho trabajo, me sentía muy agobiada y todavía tenía muchas cosas que realizar; eran casi las 6 de la tarde y todavía no había podido comer. Entonces, se acercó un señor (ahí mismo en mi trabajo) y me pidió que le ayudara a sacar unas copias -a pesar de que estaba muy apurada-, le sonreí y lo hice con gusto. Él me agradeció y me preguntó: ¿Ya comiste? Le dije: No, aún no. Me dijo:Te invito a comer, necesitas hacer una pausa.

Como era una persona de edad, me dio vergüenza decirle que no, por respeto y por su amable gesto, le dije que sí, así que acepté y nos fuimos a comer a un lugar cerca del trabajo. Esto fue lo que me dijo:

"He aprendido que, en la vida, uno hace su mejor esfuerzo, si los demás lo aprecian bien, si no, ya no te corresponde a ti preocuparte por eso, porque tú ya hiciste tu mejor parte".

La verdad le agradezco tanto a ese amigo que llegó como un ángel, a quien solo vi una vez, sin embargo, a quien nunca olvidaré, por ese gran gesto que tuvo conmigo y ese gran consejo.

Ese amigo, en lugar de juzgar o de criticar (como hacen algunas personas cuando estás ocupado o agobiado) él pudo percibir y entender la situación, no solo me ayudó a sentirme mejor en ese momento, sino que marcó la diferencia y me dejó una gran lección de vida.

*"Understanding is an art
and not everyone is an artist."*

*"Comprender es un arte,
Y no todo el mundo es un artista".*

Anónimo

¿Cómo combatir la depresión?

¿Quién no ha pasado alguna vez por alguna depresión? Por diferentes motivos, ya sea por algún tipo de decepción o simplemente porque no obtuviste los resultados que esperabas con respecto a alguna situación.

Las emociones son reacciones que experimentamos tales como: alegría, tristeza, miedo, ira, depresión, etc. Muchas veces no eres consciente de lo que sientes, un mal manejo de las emociones puede acarrearte un bloqueo o incluso la enfermedad.

La clave está en no negarlas, en estar atento de ellas y en observarlas, verlas como lo que son, pasajeras. No te quedes atorado en una emoción de negatividad o de tristeza, ya que puede nublar tu mente e impedir que puedas pensar de forma objetiva; asimismo, corres el riesgo de que se convierta en una depresión crónica.

Es importante observar qué tipo de pensamientos estás teniendo cuando te sientas así, ya que muchas veces un solo pensamiento triste o negativo es suficiente para ponerte triste o incómodo, por eso, creo que si piensas correctamente, vas a actuar correctamente y por lo tanto te vas a sentir bien.

Cuando te sientas triste o deprimido, pregúntate porqué te sientes así y qué puedes hacer al respecto: ¿Qué está en tus manos hacer para cambiar la situación?

Por ejemplo, puedes leer un buen libro, hablar con alguien de tu confianza o ver un video respecto al tema que te está incomodando o inquietando, pero ya estás haciendo algo, por muy pequeño que parezca, ya estás dando un paso para sentirte mejor.

Estas son algunas recomendaciones que tal vez puedan ser de utilidad:

1. Tomar conciencia sobre cómo te sientes.

2. Analizar por qué te sientes de esa manera.

3. Tener la disposición de hacer algo positivo que te ayude a sentirte mejor para cambiar tu estado de ánimo y no dejarte vencer por la apatía o el desánimo.

4. Averiguar qué puedes hacer al respecto, si está en tus manos cambiar la situación, aceptar o buscar otras opciones, fijarte nuevas opciones, nuevas metas, planificar.

5. Si no sabes cómo, te recomiendo leer un libro sobre el tema que es de tu interés o ver algún video al respecto.

6. Estar en movimiento, hacer algún tipo de actividad física, si es al aire libre, mejor.

7. Darte una ducha.

8. Ser paciente contigo mismo.

9. Ser fuerte y creer en ti.

10. Piensa que es temporal, que la tristeza va a pasar, no se va a quedar ahí para siempre.

11. Trata de serenarte, nunca tomes decisiones en momentos de enojo o de tristeza:

"No tomes DECISIONES PERMANENTES en EMOCIONES TEMPORALES".

ANÓNIMO

12. Haz cosas que te gusten, aunque sean pequeñas, por ejemplo, salir a pasear, caminar al aire libre, tomar una buena taza de café o comer tu comida favorita (consiéntete).

Cualquier paso positivo que des para sentirte mejor -por muy pequeño que parezca- es mejor a no hacer nada. Lo importante es no quedarte ahí atorado (a).

Debes cuidarte, tratarte bien, ser contigo mismo como si fueras tu mejor amigo. Evita caer en el victimismo, tú eres importante, cree en ti. Cada día es una nueva oportunidad, vuelve a empezar, vuelve a intentarlo, sigue adelante y nunca te des por vencido.

"Presiona con suficiente fuerza tu pulso. ¿Sientes eso? Se llama razón para vivir. Tu corazón late, tus pulmones funcionan para que respires, tienes vida, aprovéchala, no dejes ir oportunidades, nunca dejes de pedir ayuda cuando la necesites, nunca dejes de decirles a los que amas que los amas. Busca tu felicidad, haz lo que TÚ quieras, pero busca tu bien. Persigue tus sueños, lucha contra la adversidad, ten esperanza siempre. Nunca dudes de ti, ámate, vence tus miedos."

ANÓNIMO

Nunca dudes de ti mismo, el enemigo interno

Never doubt yourself (The Enemy within)

Hay un proverbio africano que dice: Cuando no hay enemigo interno, el enemigo externo no puede hacerte ningún daño.

Cuando te niegas a permitir cualquier duda en tu propia mente, entonces ninguna duda de los demás nublará nunca tu juicio.

Cuando creas una mente fuerte, no puede haber nadie que pueda derrotarte con sus palabras o con su juicio.

Cuando tú crees en ti, no necesitas a nadie que crea en ti, porque otros realmente no tienen nada que decir acerca de en quién te convertirás.

Solo tú puedes decir, solo tú puedes decidir si las opiniones de los demás se vuelven realidad O TÚ CREAS TU PROPIO DESTINO.

El mayor reto y el mayor obstáculo que cualquier ser humano tendrá que enfrentar son sus propias dudas, sus propios temores y sus propios pensamientos condicionados.

Si quieres vivir tu sueño, tendrás que luchar por él, tendrás que luchar las mayores batallas de tu vida, tendrás que luchar contra el enemigo externo.

Personas que no creen en ti, personas que te hacen daño, personas que te desaniman, que te hacen sentir mal, tendrás que luchar contra el enemigo interno.

Esas personas cercanas a ti, que ves que no te hacen bien o tal vez asumes que no creen en ti.

Aquellos que quieren lo mejor para ti, pero su idea de apoyo es recordarte lo que no se puede hacer o no se debe intentar, pero lo peor de todo es el enemigo interno.

Tendrás que luchar con lo que parece ser un ejército en tu propia cabeza, un ejército de dudas, miedo al fracaso, miedo al juicio, falta de creencia.

Las voces dentro de la cabeza diciendo: no soy lo suficientemente bueno, no soy digno, quiero hacer esto pero no puedo, quiero dar a aquellos que amo pero no puedo, no soy digno de amor, nunca seré capaz de hacer esto, no tengo remedio, no tengo esperanza, lo he intentado todo, el mundo está en mi contra, nadie cree en mí, mi vida no vale la pena vivirla…

No hay mayor dolor que te pueda ocasionar que tu propio enemigo interno, tus propios pensamientos te causarán más dolor que alguien o algo.

Pero cuando aprendes a controlar y a dirigir a tu mente, puedes dirigir esa voz interior para que trabaje a tu favor en lugar de en tu contra, tienes que conseguir que trabaje para ti creando un futuro convincente, un futuro del cual estarás orgulloso de lograr, orgulloso de vivir.

Haces eso no solo teniendo metas, sino teniendo metas significativas, metas que te emocionan al levantarte, al despertarte cada mañana, haces esto comprendiendo cuál es realmente tu propósito en la vida. ¿Para qué haces todo esto?

Cuando comprendes estas cosas, cuando trabajas en ti mismo diariamente, puedes silenciar esa voz en tu cabeza, puedes sentirte lo suficientemente bien porque eres lo suficientemente bueno.

Pero requiere un compromiso, un compromiso de práctica diaria para trabajar en ti mismo, separa aquello en lo que pasas mucho tiempo que no te hace o no te aporta ningún bien a tu vida y reemplázalo con trabajo diario en ti. ¡Empodérate, prepara tu vida para ganar!

La voz en tu cabeza solo trabajará para ti, a tu favor, si trabajas en ello primero. Llena tu mente con fortaleza y optimismo y vivirás una vida de fortaleza y optimismo.

Fuente: https://www.youtube.com/watch?v=hJLxJhMstrg

El Poder del Pensamiento

Nuestros pensamientos y expectativas ejercen muchísimo poder e influencia sobre nuestra vida. Por lo general no recibimos más de lo que esperamos, recibimos lo que creemos.

Este principio funciona lamentablemente con la misma fuerza tanto para lo negativo como para lo positivo.

"Tanto si piensas que puedes, como si piensas que no puedes, estás en lo cierto."

HENRY FORD

Cuando enfrentes los momentos difíciles, no te quedes ahí, ten la expectativa de salir de ese problema, haz todo lo que sea posible de tu parte y espera que Dios cambie la situación de una manera sobre natural.

En los momentos de dificultad, es cuando más debes observar tus pensamientos y evitar a toda costa caer en la negatividad, ya que tu forma equivocada de pensar te puede derribar. Tienes que cambiar tu manera de pensar, deja de esperar el fracaso y comienza a creer que tú saldrás adelante.

Si tu vida es un desastre, tu actitud deberá ser: Haré todo lo que pueda para salir delante de esta situación. Pon siempre a Dios primero en tu vida y entrégale tus problemas, pero, al mismo tiempo, deberás hacer tu máximo esfuerzo, teniendo una actitud positiva y haciendo todo lo necesario para salir adelante.

Para avanzar en la vida, tenemos que cambiar nuestro enfoque y creencias, Dios te ayudará, pero tú tienes el libre albedrío para elegir la actitud que quieres adoptar ante cualquier tipo de dificultad o reto.

Si decides mantener tu enfoque en los aspectos negativos de tu vida, si tu enfoque está sobre lo que no puedes hacer y no en lo que sí puedes, entonces te estás rindiendo y te estás derrotando por tu propia elección.

En los tiempos difíciles, es cuando más debes vigilar tus pensamientos, palabras y acciones, ya que si te dejas llevar por las emociones y por las actitudes negativas, en lugar de salir adelante, estarás destruyendo tu vida.

En cambio, si tu enfoque está puesto en tus posibilidades, si mantienes tu fe en Dios, solo será cuestión de tiempo, aparecerá la solución de la manera menos imaginada, siempre y cuando tú mantengas tu fe en Dios, una actitud positiva y haciendo todo lo que sea de tu parte por salir adelante.

Nadie puede tener fe por ti, otras personas pueden rezar por ti, pueden creer por ti, pero tú tienes que ejercer tu fe por ti mismo, si siempre estás dependiendo de otra persona que te anime o te saque de problemas, vivirás en dependencia, en debilidad y desánimo.

Solo tú eres responsable de tu vida y los pensamientos y actitudes que eliges tener, así que toma las riendas de tu vida y decide, que sin importar lo que venga, mantendrás tu fe en Dios y tendrás una forma positiva de pensar respecto a tu vida.

"La fe es creer lo que no ves; la recompensa de esta fe es ver lo que crees".

SAN AGUSTÍN

Puede ser que hayas vivido desánimos, fracasos o decepciones, puede ser que las cosas no han sucedido como tú las esperabas, hasta el punto que has dejado de creer que algo bueno puede suceder en tu vida, has perdido tus sueños, andas sin rumbo por la vida, aceptando cualquier cosa que llegue a ti.

Tal vez has llegado a pensar: Llevo mucho tiempo viviendo de esta manera, nunca mejoraré, he rezado, he creído, he sido paciente, he hecho todo de mi parte y nada ha cambiado, nada ha funcionado, mejor me doy por vencido.

Puede que hayas llegado a pensar: No quiero ilusionarme demasiado, he vivido tanto dolor en el pasado que no quiero que mi expectativa sea demasiada y luego nada bueno suceda, así no me desilusionaré.

No importa cuántas dificultades o impedimentos hayas tenido en el pasado, Dios todavía tiene un gran plan para ti, para tu vida, tienes que mantener tus esperanzas, tienes que mantener tu fe. Mientras siga latiendo tu corazón, siempre hay esperanza, mantén viva la esperanza en tu corazón.

No permitas que el desánimo, la apatía, la tristeza te venzan, nunca dejes de lado tus sueños, piensa que lo mejor aún está por llegar.

Tal vez llegas a pensar que algunas cosas no tienen remedio, pero para Dios nada es imposible, Él puede tomar esa situación, esa dificultad y crear algo hermoso, nada es demasiado difícil para Él.

Cuando se debilite tu confianza, cuando te lleguen las dudas, las personas te digan que tus sueños son imposibles y que nunca se cumplirán, que nunca cambiarás o nunca serás feliz, acuérdate de quién es el que está obrando en tu vida.

Dios está cambiando las cosas a tu favor y está abriendo la puerta de oportunidad para ti, posiblemente no lo veas suceder de inmediato, pero tienes que creer que en el mundo invisible, Dios está obrando a tu favor.

Mantente fuerte, mantente positivo y recuerda que lo mejor está por delante, puedes levantarte cada mañana pensando que las cosas van a cambiar a tu favor. Si mantienes tu fe en Dios, Él superará tus expectativas. Tienes que ver la vida a través de los ojos de la fe dentro de ese mundo invisible y ver tus sueños cumpliéndose.

Recuerda qué es la fe, la certeza de lo que se espera, la convicción de lo que no se ve. El mundo te dice que tienes que ver para creer, pero es lo opuesto, tienes que ver a través de tus ojos de la fe, y una vez que lo ves por fe, puede llegar a existir en el mundo físico.

"Así como seleccionamos nuestra ropa,
hay que seleccionar nuestros pensamientos".

LAIN GARCÍA CALVO

Las Expectativas

En lo personal, creo que hay dos tipos de expectativas, la que los demás tienen de ti, así como las expectativas que tú tienes de los demás.

En cuanto a las expectativas que los demás puedan tener de ti, basta con dar lo mejor de ti. Sé tú mismo y no hagas o digas cosas solo por agradar a los demás, asimismo, cuando das, hazlo sin esperar nada a cambio.

Aprende a no esperar, a no exigir, a no reclamar, a no forzar, a dejar que cada quien sea libre de dar lo que tiene que dar, de ser quien es capaz de ser, ya que solo así te liberas de toda carga.

"Y cuando me hice total y absolutamente responsable
de mí, cuando no puse mis expectativas en otros,
ni cargué a nadie con mis necesidades,
cuando me sentí libre para SER
y no escuché otras voces más
que las mías...fui feliz.
Lo recomiendo..."

Anónimo

Shakespeare decía:

Siempre me siento feliz, ¿sabes por qué?

Porque no espero nada de nadie;

esperar siempre duele.

Los problemas no son eternos,

siempre tienen solución.

Lo único que no se resuelve es la muerte.

La vida es corta, por eso ámala,

sé feliz y siempre sonríe.

Vive intensamente y recuerda:

Antes de hablar...Escucha.

Antes de escribir... Piensa.

Antes de criticar...Examínate.

Antes de herir...Siente.

Antes de orar…Perdona.

Antes de odiar…Ama.

Antes de gastar…Gana.

Antes de rendirte… Intenta.

Antes de morir… ¡¡VIVE!!

Metáfora de *El Rey León*

En la película de *El Rey León*, cuando en una escena, Rafiki (el chango) le pega a Simba, primero, lo agarró desprevenido y le dolió. Sin embargo, la segunda vez que le quiso pegar, Simba lo esquivó, entonces Rafiki le dijo a Simba, aquí te va la moraleja:

Cuando alguien te lastima por primera vez, no es tu culpa, porque no sabías qué iba a pasar, sin embargo, si lo hacen por segunda ocasión, tú ya tienes una experiencia, un aprendizaje de eso y por lo tanto ya no lo vas a permitir.

Con esto no quiero decir que si alguien se equivoca o te falla no le des una segunda oportunidad, claro, también depende de la situación; a lo que me refiero es al aprendizaje y a la experiencia que adquieres de dicha situación.

La actitud

Si trabajas en tu mentalidad, si observas la calidad de tus pensamientos, si mantienes una actitud positiva ante cualquier problema, eligiendo ver lo bueno en ello, saldrás adelante.

"La actitud lo es todo en la vida, es un 10% lo que te pasa y un 90% el cómo reaccionas."

CHARLES R. SWINDOLL

Asimismo, en el libro de *El Sermón de la Montaña de Emmet Fox*, también habla acerca de la manera cómo enfrentar las dificultades:

"Cualquiera que sea la dificultad que se nos presenta de improviso, es la recepción mental que le ofrecemos, la actitud en que nos colocamos hacia ella, lo que determina completamente el efecto que producirá en nosotros."

Reflexión: Tu actitud

◊ Sufrimos más con lo que imaginamos que con lo que realmente sucede.

◊ La calidad de tu vida nunca excederá la calidad de tus pensamientos. Cambia tus pensamientos y cambiará tu vida.

◊ Cada célula de tu cuerpo reacciona a todo lo que dice tu mente.

◊ La negatividad es una de las razones que más debilitan al sistema inmunológico.

◊ La vida se vuelve más fácil cuando apartas a gente negativa de esta.

◊ Cuando nos apartamos de personas complicadas, hasta la salud mejora.

◊ Lo único imposible es aquello que no intentas.

◊ Haz que tu sonrisa cambie el mundo, pero no dejes que el mundo cambie tu sonrisa.

◊ Jamás esperes un resultado positivo, teniendo una actitud negativa.

◊ No conviertas un mal momento en un mal día.

◊ Una persona positiva convierte sus problemas en retos, nunca en obstáculos.

◊ Se necesita solo una persona para cambiar tu vida… Tú.

◊ No seas de los que esperan toda la semana a que sea viernes, todo el año a que lleguen las vacaciones y toda una vida para ser felices. ¡Disfruta cada día, disfruta tu vida!.

◊ La única diferencia entre un buen día y un mal día es tu actitud.

◊ La vida es demasiado corta para ser feliz solo los fines de semana.

◊ La vida te ha regalado un nuevo día para que lo rellenes de momentos felices.

◊ Un pensamiento positivo por la mañana puede cambiar tu día por completo.

◊ Una semana feliz solo se consigue día a día.

◊ La felicidad no es un destino, es la actitud con la que se viaja por la vida.

◊ No es que las personas felices sean agradecidas… son las personas agradecidas las que son felices.

◊ La felicidad está dentro de nosotros. La felicidad, como la gripe, es un estado que se transmite, se contagia y se propaga, ¡entonces formemos una epidemia!

No pretendo cambiar al mundo, pero en el pedacito que me tocó vivir, quiero hacer la diferencia.

El Perdón

¿Has escuchado alguna vez la frase: yo perdono pero no olvido? Eso no es realmente perdonar.

Perdonar, lo que se dice realmente perdonar, al menos desde mi punto de vista, es un acto de humildad y de nobleza, donde realmente perdonas a la persona que te ofendió o te lastimó y no estás pensando en la venganza, sueltas y dejas ir a esa persona y tú aprendes la lección que tienes que aprender y sigues adelante.

Perdonar trae muchos más beneficios que vivir con el rencor o con resentimientos hacia alguien o hacia los demás. Puede ser que en el momento puedas sentirte molesto (a), triste o decepcionado (a), pero todos esos sentimientos después se irán, con el tiempo todo pasa así que suelta y deja ir, libérate de toda carga emocional negativa que no te aporta nada bueno, a la vez, liberas a esa persona de tu juicio hacia él o hacia ella.

No solamente te vas a sentir en paz contigo mismo, sino que aprendes a dar el justo valor, a cada cosa, persona o circunstancia.

Esas personas que te llegan a lastimar llevan su propia carga, muchas veces no hacen las cosas de forma consciente o intencional, es decir, llevan sus propios problemas internos; obviamente, eso no justifica el que hagan daño a los demás, pero en lo personal, siempre he pensado que las personas felices nunca hacen daño. ¿Por qué? Por eso, porque son felices y no tienen tiempo ni intención de dañar a nadie, al contrario, contagian su alegría.

No te sientas mal contigo mismo o contigo misma si una persona de quien menos esperabas, te falla, o te lastima, simplemente perdona a esa persona y continúa tu camino.

Sin embargo, una cosa es perdonar y otra es volver a confiar en la persona que te lastimó Esas personas pierden tu confianza, ya que es difícil volver a confiar en alguien que te hizo daño.

La clave para perdonar a los demás es la comprensión, sin embargo, al principio cuesta trabajo comprender cómo algunas personas a las que tú tratas bien te defraudan o te lo regresan con mal; mi recomendación para ti es, simplemente, aléjate de ellos, perdónalos y no permitas que te vuelvan a hacer daño.

Cada quien va a dar lo que tiene en su corazón, hay que aceptar lo que cada quien tiene la capacidad de dar, como dice un viejo dicho o refrán:"No le pidas peras a los olmos".

Otro ejemplo, es el de: No le pidas peras al árbol de manzanas. Tú no esperas que un árbol de manzanas tenga como frutos peras y viceversa.

Por lo tanto, empiezas a entender la naturaleza de cada persona, tratando de no etiquetarla o juzgarla, sino simplemente aceptando su naturaleza, como la reflexión anterior del Escorpión y el maestro.

Ten empatía, ten humildad y comprensión, de esa manera te vas a empezar a sentir mucho mejor tanto contigo mismo como con los demás.

Si aprendes a ver las cosas desde ese ángulo, tu vida empezará a desbloquearse, te vas a ahorrar mucho desgaste emocional, que a lo mejor antes gastabas en pelear porque pensabas que era lo justo o por querer tener la razón.

"Como dos pájaros dorados encaramados en el mismísimo árbol, como íntimos amigos, el ego y el Ser viven en el mismo cuerpo. El primero come lo dulce y lo agrio de las frutas del árbol de la vida, mientras el otro observa con desapego".

EL MUNDAKA UPANISHAD

Cada cabeza es un mundo, cada persona percibe las cosas desde su muy particular punto de vista y por lo tanto cada persona interpreta la información que recibe de distinta manera.

Por lo tanto, es mejor, dejar que cada quien sea como tenga que ser, sin tratar de corregirlos o educarlos (me refiero a personas adultas), dejar que cada quien sea la capacidad que tiene de ser.

Esto no es que sea una verdad absoluta, simplemente inténtalo, puede que a ti también te funcione, lo que puedes ganar es estar en paz contigo mismo y con los demás.

No te tomes demasiado en serio, muchas de las veces, a las personas que les cuesta trabajo perdonar es porque se toman demasiado en serio a ellas mismas o están enojados con la vida y con ellos mismos.

Recuerda que la vida es corta, si pensáramos en eso cada día, no nos gustaría estar peleados con nadie, al contrario, trataríamos de pasar el mejor día de nuestras vidas, le daríamos valor a lo que realmente tiene valor y no gastaríamos tiempo, energía y atención en cosas que son irrelevantes, sin importancia, porque a veces es uno mismo el que les da demasiada importancia.

Hay que recordar que nadie es perfecto, todos tenemos cualidades y defectos, nos podemos equivocar, algunos inclinan la balanza hacia un lado más que para el otro, la diferencia radica en aquellas personas que son más conscientes de sus errores, que tienen tanto la voluntad como la humildad para aceptar sus errores tratando de corregirlos para llegar a ser cada día mejores seres humanos.

*"El perdón cae como lluvia suave desde el cielo a la tierra.
Es dos veces bendito; bendice al que lo da
y al que lo recibe."*

WILLIAM SHAKESPEARE

Consejo sobre la precaución

Proverbio árabe

No digas todo lo que sabes.

No hagas todo lo que puedes.

No creas todo lo que oyes.

No gastes todo lo que tienes.

Porque…

Quien dice todo lo que sabe.

Quien hace todo lo que puede.

Quien cree todo lo que oye.

Y gasta todo lo que tiene.

Muchas veces…

Dice lo que no conviene.

Hace lo que no debe.

Juzga lo que no ve.

Y gasta lo que no puede.

CAPÍTULO 9

ANTES DE JUZGAR

Hoy en día vivimos en una sociedad que tiende a juzgar fácilmente, desde la apariencia, el aspecto físico, el aspecto material, la religión, las clases sociales, el puesto de trabajo que ocupa una persona, el aspecto económico, como si eso le diera verdaderamente un valor a la persona como ser humano que es.

Vivimos tan aprisa, que nos dejamos llevar por las apariencias, por lo que oímos de primera instancia, suponemos cosas, tendemos a ofendernos fácilmente, tendemos a tomar las cosas muy personales o interpretamos las cosas de acuerdo a nuestras propias experiencias o nuestro propio sistema de creencias.

La mayoría de las veces, llega a haber malentendidos por el simple hecho de no indagar un poco más afondo o por no preguntar, por falta de una comunicación adecuada, por orgullo o por el simple hecho de no preguntar más abierta y directamente las dudas que tenemos.

Cuántas veces te ha pasado que te has ofendido, o te has sentido triste sobre una situación o persona, por pensar o por interpretar algo que pasó y que más adelante al hablar con esa persona o al averiguar más sobre esa situación, te percataste de que estabas equivocado, que sacaste tus propias conclusiones, tus propias suposiciones por el simple hecho de no preguntar o no hablar al respecto.

Reflexión: Los 4 Acuerdos de la Sabiduría Tolteca

Hace miles de años, los toltecas eran conocidos en todo el sur de México como "mujeres y hombres de conocimientos". Los antropólogos han definido a los Toltecas como una nación o una raza, pero, de hecho, eran científicos y artistas que formaron una sociedad para estudiar y conservar el conocimiento espiritual y las prácticas de sus antepasados.

La conquista europea, unida a un agresivo abuso del poder personal por parte de algunos aprendices, hizo que los naguales se vieran forzados a esconder su sabiduría ancestral y a mantener su existencia en la oscuridad.

Por fortuna, el conocimiento esotérico tolteca fue conservado y transmitido de una generación a otra por distintos linajes de naguales. Ahora el Dr. Miguel Ruiz, un nagual del linaje de los Guerreros del Águila, comparte con nosotros las profundas enseñanzas de los toltecas.

"No hay razón para sufrir. La única razón por la que sufres es porque así tú lo exiges. Si observas tu vida, encontrarás muchas excusas para sufrir, pero ninguna razón válida. Lo mismo es aplicable a la felicidad".

"La única razón por la que eres feliz es porque tú decides ser feliz. La felicidad es una elección, como también lo es el sufrimiento."

DR. MIGUEL RUIZ

*Significado de naguales: La palabra náhuatl para nahual es *nahualli*, que significa "lo que es mi vestidura o piel" y se refiere a la habilidad del nahual de transformarse en una criatura mitad hombre, mitad animal (tecolote, jaguar, águila, coyote).

Si adoptas estos 4 acuerdos, crearás el Poder personal necesario para cambiar todo tu antiguo sistema de acuerdos, o lo que conocemos en época moderna como creencias.

1. El Primer Acuerdo: SER IMPECABLE CON TUS PALABRAS

No utilizarlas contra ti mismo. Las palabras nos dan poder para crear, las palabras son intención en acción y pueden crear o destruir todo lo que te rodea.

Nos hablamos constantemente y la mayor parte del tiempo del día nos decimos cosas como: estoy gordo, estoy feo, me hago viejo, me estoy quedando calvo, todo me va mal.

¿Ves de qué modo utilizamos las palabras contra nosotros mismos? Es necesario que empecemos a comprender lo que son las palabras y lo que hacen. Si comprendes el primer acuerdo, verás cuántos cambios ocurren en tu vida.

En primer lugar, cambios en tu manera de tratarte y en la forma de tratar a otras personas, especialmente a aquellas a las que más quieres.

Utiliza tus palabras apropiadamente. Este es el primer acuerdo al que debes llegar si quieres ser libre, ser feliz y trascender tu nivel de existencia. Empléalas para compartir tu amor. Dite a ti mismo que eres una persona maravillosa, fantástica, dite cuánto te amas, utiliza las palabras para romper todos esos pequeños acuerdos que te hacen sufrir.

2. El Segundo Acuerdo: NO TOMARTE NADA PERSONALMENTE

Consiste en no tomarte nada personalmente, incluso cuando una situación parece muy personal, por ejemplo, cuando alguien te insulta directamente, eso no tiene nada que ver contigo, lo que esa persona dice, lo que hace y las opiniones que expresa, responden a los acuerdos que ha establecido en su propia mente. Su punto de vista surge en toda la programación que recibió durante su domesticación (proceso de crear acuerdos en tu mente).

Si alguien no te trata con amor ni respeto, que se aleje de ti es un regalo; si esa persona no se va, lo más probable es que soportes muchos años de sufrimiento con ella, que se marche quizá resulte doloroso durante un tiempo, pero finalmente tu corazón sanará.

Entonces elegirás lo que de verdad quieres, descubrirás que para elegir correctamente, más que confiar en los demás, es necesario que confíes en ti mismo. Cuando no tomarte nada personal se convierte en un hábito firme y sólido, te evitarás muchos disgustos en la vida. Tu rabia, tus celos y tu envidia desaparecerán e incluso tu tristeza desaparecerá.

3. El Tercer Acuerdo: NO HACER SUPOSICIONES

Tendemos a hacer suposiciones de todo. El problema es que al hacerlo, creemos que lo que suponemos es cierto, hacemos suposiciones sobre de lo que los demás hacen o piensan, nos lo tomamos personalmente y después los culpamos y reaccionamos enviando veneno emocional con nuestras palabras.

Este es el motivo por el cual, siempre que hacemos suposiciones, nos buscamos problemas. La manera de evitar las suposiciones es preguntar. Asegúrate de que las cosas te queden claras, si no comprendes algunas, ten el valor de preguntar hasta clarificarlo todo lo posible. Una vez escuches la respuesta no tendrás que hacer suposiciones porque sabrás la verdad.

4. El Cuarto Acuerdo: HAZ SIEMPRE LO MÁXIMO QUE PUEDAS

Este acuerdo permite que los otros tres se conviertan en hábitos permanentes profundamente arraigados, independientemente del resultado, sigue haciendo siempre lo máximo que puedas, ni más ni menos.

Si emprendes la acción por el puro placer de hacerlo, sin esperar una recompensa, descubrirás que disfrutas de cada cosa que llevas a cabo y es posible que llegues a conseguir más de lo que hubieses imaginado. Si nos gusta lo que hacemos y si siempre hacemos lo máximo que podemos, entonces disfrutamos realmente de nuestra vida.

Si rompes un acuerdo, empieza de nuevo mañana y de nuevo al día siguiente. Al principio será difícil, pero cada día te parecerá más y más fácil hasta que, un día descubrirás que los 4 acuerdos dirigen tu vida.

Te sorprenderá ver cómo se ha transformado tu existencia. Los cuatro acuerdos te ofrecen la posibilidad de acabar con el dolor emocional y de este modo te abren la puerta para que disfrutes de tu vida y empieces un nuevo sueño.

Los cuatro acuerdos se crearon para ayudarnos a romper los acuerdos limitantes, aumentar nuestro poder personal y volvernos más fuertes. Cuanto más fuerte seas, más acuerdos romperás hasta que llegues a la misma esencia de todos ellos.

Para empezar, es necesario que perdonemos a nuestros padres, a nuestros hermanos, a nuestros amigos, a nuestros compañeros de trabajo y a nosotros mismos.

Una vez te perdones a ti mismo, el autorechazo desaparecerá de tu mente, empezarás a aceptarte y el amor que sentirás por ti será tan fuerte que al final acabarás aceptándote por completo tal como eres. Así empezamos a ser libres los seres humanos.

Fuente: https://www.youtube.com/watch?v=5M-bBCIqdOc

Las comparaciones

¿Cuántas veces has escuchado decir que somos únicos e irrepetibles? Tal vez de tanto escucharlo a veces te cuesta trabajo creerlo pero así es. Cada ser humano es único e irrepetible.

Cada uno tiene un talento único y especial y en lugar de competir unos contra otros, en lo personal creo que todos tenemos algo que aprender de los demás, todos aprendemos de todos.

Si vemos algo que no nos gusta, aprendemos para no hacerlo y si vemos algo que nos gusta aprendemos, pero sin caer en la imitación, sino llegar a ser mejores de lo que fuimos ayer, solo comparándonos con nosotros mismos.

No compitas con nadie sino contigo mismo

La Liebre y La Tortuga - Reflexión de motivación

Una liebre y una tortuga siempre discutían sobre quién era más rápida, para terminar con la discusión decidieron hacer una carrera, eligieron una ruta y comenzaron a correr.

La liebre salió a toda velocidad, y corrió enérgicamente durante un buen rato, luego, al ver que había sacado muchísima ventaja, decidió sentarse debajo de un árbol para descansar unos minutos, recuperar fuerzas y luego continuar su marcha, pero se quedó dormida. La tortuga que daba con paso lento pero constante, la alcanzó, la superó y terminó siendo una triunfadora indiscutible de la carrera.

Moraleja: Los lentos pero constantes y perseverantes también ganan la carrera.

Pero la historia no termina aquí. La liebre decepcionada por haber perdido, hizo un examen de conciencia y reconoció su grave error al subestimar a la tortuga. Se dio cuenta de que por presumida y descuidada había perdido la carrera, si no hubiese subestimado a su oponente, nunca lo hubiera podido vencer, entonces desafió a la tortuga a una nueva competencia.

Esta vez la liebre corrió sin descanso desde el principio hasta el fin y su triunfo fue contundente.

Moraleja: Los rápidos y tenaces vencen a los constantes y perseverantes. Pero la historia tampoco termina aquí, después de ser derrotada la tortuga reflexionó detenidamente y llegó a la conclusión de que no había forma de ganarle a la liebre en velocidad.

De la manera en cómo estaba planeada la carrera, ella siempre perdería, por eso desafió nuevamente a la liebre, pero esta vez la tortuga fue quien propuso correr por una ruta distinta.

La liebre aceptó y corrió a toda velocidad, hasta que se encontró en un camino, con un ancho río; la liebre no sabía nadar y mientras se preguntaba qué podía hacer.

La tortuga nadó hasta la otra orilla, continuó su paso lento pero constante y terminó la carrera en el primer lugar.

Moraleja: Quienes identifican su ventaja competitiva y cambio en el entorno para aprovecharla, llegan primero, pero la historia sigue.

Pasó el tiempo y tanto compartieron la liebre y la tortuga, que terminaron siendo muy amigas. Ambas reconocieron que eran buenas competidoras y decidieron repetir la última carrera. Pero esta vez corriendo en equipo.

En la primera parte, la liebre cargó a la tortuga hasta llegar al río, ahí la tortuga atravesó el río nadando con la liebre sobre su caparazón, y ya en la otra orilla, la liebre cargó nuevamente a la tortuga hasta llegar a la meta. Como alcanzaron la línea de llegada en tiempo récord, sintieron una mayor satisfacción que la que habían experimentado con sus logros individuales.

Moraleja: Es bueno ser individualmente brillante y tener fuertes capacidades personales, pero a menos que seamos capaces de trabajar con otras personas y potenciar recíprocamente las capacidades de cada uno, no seremos completamente efectivos.

Reflexión: Es importante advertir que ni la liebre, ni la tortuga abandonaron la carrera. La liebre al evaluar su desempeño, reconoció sus errores y decidió poner más empeño después de su fracaso. Por su parte la tortuga al notar que la velocidad era su mayor debilidad, decidió cambiar su estrategia y aprovechar su fortaleza como nadadora.

En un nuevo recorrido después de varias contiendas, la tortuga y la liebre descubrieron que unidas lograrían mejores resultados, la liebre y la tortuga también aprendieron otra lección vital: cuando dejamos de competir contra un rival y comenzamos a competir contra una situación, no solo complementamos capacidades, compensamos debilidades, o potenciamos nuestros recursos, sino que también obtenemos mejores resultados.

Todos tenemos carreras por delante y hay muchas maneras de ganarlas, hay muchas liebres, muchas tortugas, muchas metas que alcanzar.

Finalmente, no te reúnas con un grupo fácil, no te hará crecer, ve donde sean muy altas las exigencias y las expectativas de desempeño.

Fuente: https://www.youtube.com/watch?v=zREonwBYQJ0

CAPÍTULO 10

LA PACIENCIA

*"La paciencia es un árbol de raíz amarga
pero de frutos muy dulces".*

PROVERBIO PERSA.

Tendía a ser muy impaciente, muchas veces me llegaba a desanimar porque sentía que me esforzaba una y otra vez, una y otra vez sin ver resultado alguno, a veces quería desistir, pero una voz en mi interior me decía que todo era cuestión de FE, PACIENCIA y TIEMPO para lograr cualquier sueño u objetivo.

Asimismo, la voz interior me decía: NO DEJES DE LUCHAR, ES EN LA LUCHA CUANDO MÁS TIENES QUE LUCHAR.

La impaciencia es uno de los retos más importantes en el que he tenido que trabajar en mí misma, ya que además de paciencia, de fe y de tiempo, requiere de esfuerzo, de constancia y de perseverancia.

*"La gente piensa que la paciencia es la capacidad de
esperar, pero no es así. La paciencia es cómo nos
comportamos mientras esperamos."*

ANÓNIMO

La Perseverancia

¿Qué es la perseverancia?

Es mantenerse constante en un proyecto ya comenzado, es sinónimo de persistencia, firmeza, dedicación y tesón. Se aplica tanto en las ideas como en las actitudes, en la realización de algo, en la ejecución de propósitos o en las resoluciones del ánimo a pesar de los obstáculos.

"La perseverancia es la base de todas las acciones."

LAO TZU

Cuentos para el Alma: El bambú Japonés

No hay que ser agricultor para saber que una buena cosecha requiere de una buena semilla, buen abono y riego, también es obvio que quien cultiva la tierra no se detiene impaciente frente a la semilla sembrada y grita con todas sus fuerzas ¡crece, maldita sea!

Hay algo muy curioso que sucede con el bambú y que lo transforma en no apto para impacientes. Siembras la semilla, la abonas y te ocupas de regarla constantemente.

Durante los primeros meses no sucede nada apreciable, en realidad no pasa nada con la semilla durante los primeros 7 años, a tal punto, que un cultivador inexperto estaría convencido de haber comprado semillas infértiles; sin embargo, durante el séptimo año, en un período de solo seis semanas, la planta de bambú crece más de 30 metros.

¿Tardó solo seis semanas en crecer? No, la verdad es que se tomó 7 años y seis semanas en desarrollarse. Durante los primeros 7 años de aparente inactividad, este bambú estaba generando un complejo sistema de raíces que le permitirían sostener el crecimiento que iba a tener después de 7 años.

Sin embargo, en la vida cotidiana, muchas veces, las personas tratan de encontrar soluciones rápidas, triunfos apresurados, sin entender que el éxito es simplemente un resultado de crecimiento interno, y que este requiere tiempo, quizás por la misma impaciencia, muchos de aquellos que aspiran a resultados en corto plazo abandonan súbitamente justo cuando ya estaban a punto de conquistar la meta.

Es tarea difícil convencer al impaciente que solo llegan al éxito aquellos que luchan de forma perseverante y saben esperar el momento adecuado, de igual manera es necesario entender que en muchas ocasiones estaremos frente a situaciones en las que creemos que nada está sucediendo y esto puede ser extremadamente frustrante.

En esos momentos que todos tenemos, recordar el ciclo de maduración del bambú japonés y aceptar, que en tanto no bajemos los brazos ni abandonemos por no ver el resultado, que esperamos, sí está sucediendo algo dentro de nosotros, estamos creciendo, madurando.

Quienes no se dan por vencidos, van gradual e imperceptiblemente creando los hábitos y el temple que les permitirá sostener el éxito y ver que al fin se materialice.

El triunfo no es más que un proceso que lleva tiempo y dedicación, un proceso que exige a aprender nuevos hábitos y nos obliga a descartar otros. Un proceso que exige cambios, acción y formidables dotes de paciencia, tiempo.

Cómo nos cuestan las esperas, tenemos que ejercitarnos en la paciencia en este mundo agitado en que vivimos, apuramos a nuestros hijos en su crecimiento, apuramos al chofer del taxi, nosotros mismos hacemos las cosas apurados.

No se sabe bien por qué perdemos la fe, cuando los resultados no se dan en el plazo que esperábamos, abandonamos nuestros sueños, nos generamos patologías que provienen de la ansiedad del estrés. ¿Para qué?

Te propongo tratar de recuperar la perseverancia, la espera, la aceptación, si no consigues lo que anhelas, no desesperes, quizás solo estés cosechando raíces.

Fuente: https://www.youtube.com/watch?v=Mi8CTu-Joew

CAPÍTULO 11

EL VALOR DEL ESFUERZO

El hombre y la roca/ reflexión:

Un hombre dormía en su cabaña cuando, de repente, una luz iluminó la habitación y apareció Dios. Èl Señor le dijo que tenía un trabajo para él y le enseñó una gran roca frente a la cabaña.

Le explicó que debía empujar la piedra con todas sus fuerzas, el hombre hizo lo que El Señor le pidió día tras día. Por muchos años, desde que salía el sol hasta el ocaso, el hombre empujaba la fría piedra con todas sus fuerzas y esta no se movía.

Todas las noches, el hombre regresaba a su cabaña muy cansado y sintiendo que todos sus esfuerzos eran en vano. Como el hombre empezó a sentirse frustrado, Satanás decidió entrar en el juego trayendo pensamientos a su mente.

Has estado empujando esa roca por mucho tiempo y no se ha movido. Le dio al hombre la impresión de que la tarea que le había sido encomendada era imposible de realizar y él era un fracaso.

Estos pensamientos incrementaron sus sentimientos de frustración y desilusión. Satanás le dijo: ¿Por qué esforzarte todo el día en esta tarea imposible? Solo haz un mínimo esfuerzo y será suficiente. El hombre pensó en poner en práctica esto, pero antes decidió elevar una oración al Señor y confesarle sus sentimientos.

Señor: He trabajado duro por mucho tiempo a tu servicio, he empleado toda mi fuerza para poder conseguir lo que me pediste, pero aun así, no he podido mover la roca ni un milímetro.

¿Qué pasa, por qué he fracasado? El Señor le respondió con compasión: Querido hijo, cuando te pedí que me sirvieras y tú aceptaste, te dije que tu tarea era empujar contra la roca con todas tus fuerzas y lo has hecho. Nunca dije que esperaba que la movieras, tu tarea era empujar.

Ahora vienes a mí sin fuerzas a decirme que has fracasado, pero en realidad no fracasaste. Mírate ahora, tus brazos están fuertes y musculosos, tu espalda fuerte y bronceada, tus manos callosas por la constante presión, tus piernas se han vuelto duras.

A pesar de la adversidad, has crecido mucho y tus habilidades ahora son mayores que las que tuviste alguna vez. Cierto, no has movido la roca, pero tu misión era ser obediente y empujar para ejercitar tu fe en mí, eso lo has conseguido.

Ahora, querido amigo, yo moveré la roca por ti, dijo Èl Señor. Algunas veces, cuando escuchamos la palabra del Señor, tratamos de utilizar nuestro intelecto para descifrar su voluntad cuando, en realidad, Dios solo nos pide obediencia y fe en Él.

Debemos ejercitar nuestra fe que mueve montañas, pero conscientes de que es Dios quien al final logra moverla. Cuando todo parezca ir mal, cuando estés agotado por el trabajo, cuando la gente no se comporte de la manera que te parece que debería, cuando no tienes más dinero para pagar tus cuentas, cuando la gente simplemente no te comprende, cuando te sientas agotado y sin fuerzas, solo empuja.

En los momentos difíciles pide ayuda al Señor y eleva una oración a Jesús para que ilumine tu mente y guíe tus pasos, entrégale tus miedos al Señor y pídele con una oración que Jesús te ayude a encontrar el camino que te conduzca a Él.

Fuente: https://www.youtube.com/watch?v=AkY3Sl1gYtY

CAPÍTULO 12

EL PODER DE LA PALABRA

Sin saber todavía acerca del poder que tienen las palabras, en varias ocasiones en mi vida después de haber mirado hacia el pasado me di cuenta del poder y del efecto que tienen las palabras al grado que se ve reflejado en el exterior.

Es decir, al principio no me daba cuenta, sino que otras personas cercanas a mí (ya sea de la familia o en el trabajo) me lo decían, y en otras ocasiones me daba cuenta por mí misma, pero mucho tiempo después al mirar hacia el pasado.

Una vez estábamos reunidos en un restaurante en la ciudad de México, una prima, unos amigos de ella y yo. Mi prima me dijo:

Mi prima: ¿Te has dado cuenta de que todo lo que dijiste que ibas a hacer lo has hecho?

Yo: La verdad no me acuerdo qué dije. ¿A qué te refieres?

Mi prima: Cuando regresaste de Líbano dijiste que ibas a estudiar, que ibas a hacer una carrera y que ibas a conseguir un buen trabajo y lo lograste.

En ese momento me quedé callada un momento porque la verdad no recuerdo haberlo dicho, pero cuando ella lo mencionó me quedé impactada de que sí, efectivamente lo dije y que en realidad sí logré todo aquello que dije que iba a hacer. Mi sorpresa fue porque ni siquiera estaba consciente cuando lo dije, o al menos eso creo, de lo que sí puedo estar segura es que si lo dije, fue con seguridad y sin duda de que lo iba a lograr.

En otra ocasión, después de algunos años de haber regresado de México, un día estaba platicando con mi mamá y le dije:

Yo: ¿Te acuerdas cuando les di la noticia en la Embajada de México en Beirut, Líbano, de que me iba a venir a vivir a México, cómo al principio todos se sorprendieron y hasta pensaban que estaba loquita?

Me dijeron que cómo dejaba un trabajo así, que era un buen puesto, de prestigio, que ganaba bien y cómo iba a dejarlo, teniendo la seguridad de un trabajo y dejándolo lanzándome a lo desconocido.

Le dije a mi mamá: ¿Te acuerdas cuál fue mi respuesta?

Mi mamá: No, no me acuerdo ¿Qué les dijiste?

Yo: Cuando me decían que cómo dejaba todo lo seguro para ir en busca de lo desconocido, les dije:

Yo: No sé cómo, pero voy a triunfar.Primero Dios, voy a terminar mis estudios, voy a hacer una carrera y voy a conseguir un buen trabajo y voy a lograr salir adelante. Ese es mi deseo y es lo que quiero y lo voy a hacer.

Sin saberlo, estaba escuchando a mi voz interior y yendo contra lo que parecía lógico para los demás. Y años más tarde, esas palabras que dije, que sin saberlo decreté, se manifestaron en mi realidad.

En mi primer libro de la trilogía *Resiliencia* hablaba acerca de cuando salí de Líbano rumbo a México, en enero del 2002. Esa decisión fue propia, es decir, no fue por motivos de la guerra, sino por decisión propia.

También en otra ocasión, una vez una amiga del trabajo me comentó que había viajado a Cancún (en México) y que le había gustado mucho, yo le dije que no lo conocía, pero que algún día iría a conocer ese lugar del que tanto había escuchado hablar.

Para serte sincera, yo simplemente lo dije como un comentario; un año después, en enero del 2016 realicé un viaje junto con mi hermana a Cancún.

La verdad yo ni siquiera me acordaba que había dicho que algún día iría a Cancún, hasta que esa misma amiga me dijo: ¿Te acuerdas cuando dijiste que algún día conocerías Cancún?

Nuevamente me quedé sorprendida porque me di cuenta de que era verdad, que sí lo dije, pero en realidad no me acordaba que lo dije hasta que mi amiga me lo hizo notar.

Una vez más comprobé el poder y el efecto que tienen las palabras, que efectivamente aun cuando aparentemente no estás consciente de lo que dices, aquello que dices se manifiesta.

Hace poco, hace como un año, mi jefe me envió a retirar dinero al banco. En lo que estaba esperando, no sé cómo volteé y me di cuenta de que vendían Euros, entonces les dije al personal que trabaja ahí:

No sabía que venden Euros. Y uno de ellos me dijo: Sí ¿por qué? ¿piensas ir a Europa? Eso fue en enero del 2018 y yo todavía no tenía idea de lo que iba a pasar, me quedé pensando un momento y le dije:

Sí, por qué no, dije (como dice un futbolista mexicano muy famoso), pero en realidad yo lo dije bromeando, ya que viajar a Europa me parecía un sueño tan pero tan lejano.

Pensaba que era muy caro y en caso de llegar a ir un día sería un día muy lejano, sin embargo, en ese momento en que me encontraba en el banco, ante esa pregunta inesperada, ni siquiera sé por qué dije eso: "Sí, por qué no", ya que lo dije en broma.

A los dieciocho días de haber estado en el banco (recuerdo perfectamente la fecha), el 11 de febrero del 2018, me llegó una invitación por mensaje a mi celular para asistir a un evento en Barcelona, España, era sobre un evento que había visto en YouTube y tenía mucha ilusión de asistir, pero también me parecía un sueño muy lejano.

Pero cuando me llegó el mensaje la verdad es que ¡me emocioné mucho! Unos meses antes al ver el anuncio en YouTube me inscribí, pero la verdad no tenía la menor idea de lo que iba a pasar.

Esto también lo explico en mi primer libro de la trilogía *Resiliencia* en donde hablo de cómo se dio ese momento en que decido ir al evento en Barcelona, España.

Retomando el tema del poder de la palabra, después de haber dicho en modo de broma "Sí, por qué no" es decir, que sí iría a Europa por qué no.

A los dieciocho días me llegó la invitación y en junio del 2018 no solo viajé a Barcelona, España, sino que gracias a una amiga muy querida, casi como una hermana, también viajé a Suiza e Italia en ese año, es decir, el año pasado.

La verdad es que simplemente el volverlo a recordar ¡wow!, me emociona mucho.Qué increíble cómo de una simple broma de algo que dije, pude realizar un viaje a Europa, visitando 3 países, uno que ya conocía y que me gusta mucho (Suiza).

Otro que era mi sueño conocer y que gracias a mi querida amiga se hizo mi sueño realidad que es Italia, y gracias a Dios que pude asistir a ese magnífico evento en

Barcelona, España, el cual fue una de las experiencias más maravillosas que me tocado vivir, tanto en el evento como en España en sí.

España es un país muy bonito, que a pesar de que estuve muy pocos días, me encantó el lugar y su gente bellísima, súper cálida, qué experiencia tan maravillosa y todo gracias a Dios y al Poder de la Palabra, al decreto, es que pude ver manifestados mi sueños que llegué a pensar que estaban muy pero muy lejanos.

Hace muchos años, ahora que recuerdo, también en modo de broma decía: "Algún día voy a escribir un libro" y cómo me iba a imaginar, que no solamente iba a escribir un libro, sino una trilogía.

Una vez más me quedo sorprendida ante el Poder de la Palabra, del decreto. El universo no conoce de bromas, por eso, con más razón, tienes que estar consciente de lo que dices y estar al pendiente de no decir cosas negativas porque corres el riesgo de que se hagan realidad.

Si te menciono todo esto es para compartir contigo mis propias experiencias que de verdad te lo digo, así pasaron las cosas, sin saber yo nada acerca de El Poder de la Palabra y sin saber nada acerca de los decretos en ese tiempo.

La verdad desconozco cuál es el secreto, yo solo sé que lo dije: Con seguridad, con serenidad y hasta en broma pero lo dije, no solamente lo pensé, sino que lo dije.

Años más tarde empecé a leer libros de Florence Scovel Shinn acerca del Poder de la Palabra, cada vez me fue gustando más y más ese tema y creo que si tenemos la capacidad de crear con nuestras palabras nuestro mundo exterior, ¿por qué no decretamos solamente cosas positivas y aquello que queremos ver manifestado en nuestra realidad, en nuestro mundo exterior?

En otra ocasión, cuando estaba buscando trabajo en una nueva ciudad, recuerdo cuando alguien me dijo:

"No esperes encontrar un trabajo extraordinario".

Esa persona me lo dijo porque sabía que yo ya había tenido afortunadamente y gracias a Dios dos trabajos extraordinarios, el primero, el de la Embajada de México en Beirut, Líbano, y el segundo en la Escuela de Español para Extranjeros en Cuernavaca, Morelos, el cual me dio la oportunidad de viajar y conocer varios lugares de Estados Unidos y viajar hasta Suiza y Alemania.

Mi respuesta hacia esa persona fue: ¿Y por qué no? Yo voy a tener un tercer trabajo extraordinario.

En esa ocasión lo dije como cuando alguien te reta y entonces no sabes cómo lo haces, pero les demuestras todo lo contrario, no tanto por querer demostrar, sino porque nadie tiene el derecho de quitarte tus sueños o de que te hagan sentir que es imposible conseguirlos.

Esta anécdota también la menciono en mi primer libro de la trilogía *Resiliencia*.

"Cuando todos te digan que no se puede…
demuéstrales que están equivocados".

LAIN GARCÍA CALVO

El Poder de la palabra hablada / Florence Scovel Shinn

Florence Scovel Shinn habló sobre el poder de la palabra. Las palabras están cargadas de energía, la palabra es el pensamiento hablado.

Lo que de la boca sale del corazón procede. En el poder de la lengua están la muerte y la vida, el ser humano tiene la capacidad de transformar una situación desagradable en agradable a través de la palabra, aparece la alegría en vez de la desdicha.

Las palabras son como semillas, cuando tú hablas algo, le das vida a lo que dices, si lo dices continuamente, al final se vuelve una realidad, ya sea que te des cuenta o no, estás decretando o profetizando tu futuro y es bueno cuando lo que dices son cosas positivas, por ejemplo, soy afortunado (a),voy a logar mis sueños, soy fuerte, yo puedo salir adelante victorioso (a) de esta situación; si es algo no tan positivo, decir, esto es temporal, ya pasará.

No es solo ser positivo, estás decretando victoria, éxitos, nuevos niveles, tu vida avanzará en la dirección de tus palabras, pero mucha gente anda profetizando justo lo opuesto.

Por ejemplo, en una rifa de una posada, nunca me gano nada, nunca logro bajar de peso, es temporada de gripa, siempre me da gripe en el invierno, etc. Es como si estuvieras atrayendo o llamando las adversidades.

No puedes hablar negativamente y esperar vivir una vida positiva, no puedes hablar de derrota y esperar tener éxitos, no puedes hablar de escasez y esperar abundancia, por ejemplo, apenas cobro mi salario y ya no me va a quedar nada con todo lo que tengo que pagar, no gano lo suficiente, gano muy poco, etc., etc., etc.

Si tienes una boca pobre, vas a tener una vida pobre, si no te gusta lo que ves, siembra una semilla diferente, en vez de decir, nunca me aliviaré, esta enfermedad ha estado en mi familia 3 generaciones, no, planta la semilla correcta, decreta en positivo, cambia lo que dices.

Por ejemplo, puedes decir: Dios me está restaurando la salud, esta enfermedad no vino para quedarse, es temporal, va a pasar, estoy mejorando día tras día, sigue sembrando esas semillas y finalmente comerás el fruto.

Reflexión/ El Poder de las Palabras

Las palabras no se las lleva el viento, las palabras dejan huella, tienen poder e influyen positiva o negativamente.

Las palabras tienen el poder de curar o herir a una persona. Por eso mismo, los griegos decían que la palabra era divina y los filósofos elogiaban el silencio.

Cuida tus pensamientos porque ellos se convierten en palabras y cuida tus palabras, porque ellas marcarán tu destino.

Piensa muy bien antes de hablar, cálmate cuando estés resentido y habla solo cuando estés en paz.

De las palabras depende muchas veces la felicidad, la desgracia, la paz o la guerra.

Una cometa se puede recoger después de echarla a volar, pero las palabras jamás se podrán recoger una vez que hayan salido de nuestra boca.

Las palabras tienen mucha fuerza, con ellas podemos destruir lo que hemos tardado tanto tiempo en construir.

Cuántas veces una palabra fuera de lugar es capaz de arruinar algo por lo que hemos luchado, cuántas veces una palabra de aliento tiene el poder de regenerarnos y darnos paz.

Las palabras son la manifestación de nuestro mundo interior, al cuidar de nuestro lenguaje, purificamos nuestro mundo interior.

Muchas enfermedades son únicamente el producto de nuestros pensamientos desequilibrados, la violencia, las mentiras, el resentimiento y tantas otras.

Tenemos que cultivar cualidades de amor, verdad y gratitud, creando un sólido mundo interior en donde la bondad y la verdad brillen; para luego extender este mundo interior a las personas de nuestro alrededor.

Una palabra amable puede suavizar las cosas, una palabra alegre puede iluminar el día, una palabra oportuna puede aliviar la carga, una palabra con amor puede curar y dar felicidad.

Una palabra irresponsable puede encender discordias, una palabra cruel puede arruinar una vida, una palabra de resentimiento puede causar odio, una palabra brutal puede herir o matar. Si todas nuestras palabras son amables, los ecos que escucharemos también lo serán.

De ti depende elegir qué palabras pones a tus estados emocionales. Cuida tus palabras porque ellas tienen poder.

Fuente: https://www.youtube.com/watch?v=SKzPP4P3TrY

CAPÍTULO 13

LA SABIDURÍA ESTÁ DENTRO DEL CORAZÓN

Cuántas veces te has encontrado ante una situación en la que no sabes qué hacer, no sabes qué decisión tomar, te sientes indeciso "aparentemente" y entonces empiezas a preguntar a tu familia, a tus amigos, a tus conocidos para que ellos te digan qué decisión tomar respecto a alguna situación, sin embargo, sin que te des cuenta de ello, tú ya sabes qué hacer.

¿Sabes por qué? Porque cuando alguien te da un consejo que se asemeja a algo que tú ya decidiste en el fondo de tu corazón, es cuando piensas que el consejo fue bueno, pero cuando no estás de acuerdo con el consejo, es porque piensas que no es bueno y eso también se debe a que tú ya elegiste dentro tu corazón qué hacer al respecto.

"Nadie sigue un consejo cuando este va en contra de los deseos profundos y de las decisiones que va tomando en el secreto de su corazón."

HORACIO JARAMILLO LOYA

En ocasiones, tal vez pides un consejo por temor, porque da miedo hacerte responsable de las consecuencias de tus propias decisiones, y sin que te des cuenta de ello, inconscientemente, en caso de que algo salga mal o no resulte como esperabas, resulta más fácil echar la culpa a los demás que asumir las consecuencias de las propias decisiones.

Se requiere valor para tomar decisiones propias, para afrontar las consecuencias, ya sean buenas o malas, así como los riesgos que estas implican.

En caso de que te equivoques, no te sientas mal, trata de ver lo bueno de cada situación, siempre hay un aprendizaje, una lección que te harán más sabio y más fuerte, además de que habrás adquirido una nueva experiencia. En caso de que tu decisión fuera la correcta, alégrate y reconócete, ya que eso te dará mayor seguridad y mayor sabiduría.

Esto tampoco significa que si necesitas ayuda no la pidas, te puede servir como una manera de orientación, pero que seas tú el que finalmente decida qué hacer y asumir tu responsabilidad de esa decisión.

"Toma riesgos, si ganas serás más feliz, si pierdes serás más sabio."

ANÓNIMO

Presta atención a lo que sientes, porque es en tu corazón donde están las respuestas a tus inquietudes, a tus preguntas, no te dejes llevar solo por lo que los demás te digan como una decisión final.

Como dice el autor de los libros: *Los Consejos del Búho* y *El Miedo a ser tú mismo*, Horacio Jaramillo Loya:

"El peor pecado contra la vida propia es regalar los ojos y los oídos a los demás, por tratar de huir de nuestra propia responsabilidad y de los riesgos que podemos tener al tomar decisiones que solo nos conciernen a cada uno en el juego de nuestra propia vida."

"No siempre los buenos consejos ayudan para los cambios interiores, porque las demás personas que nos aconsejan ven la realidad con la claridad que les ofrecen sus propios ojos, pero cada quien tiene su camino y su destino que debe encontrar con el esfuerzo de la búsqueda personal."

La importancia de tomar una decisión

Una vez que hayas tomado una decisión, toma en cuenta estas tres cosas:

1. Dirección

2. No hay marcha atrás

3. Te comprometes contigo mismo

"Ten el coraje para hacer lo que dicen tu corazón y tu intuición".

STEVE JOBS

Reflexión: ¿En qué consiste la sabiduría?

"Sabiduría es darle a cada cosa la importancia que merece, a cada quien el lugar que corresponde, a cada sentimiento el tiempo necesario y reconocer el valor de tu propia persona".

Reflexión: ¿Qué es ser sabio? "Camino al despertar"

Una persona sabia realmente no intenta cambiar nada, se vuelve tranquila, tiene paciencia, trabaja en sí misma, observa sus pensamientos, observa sus acciones y se observa a sí misma, cuando se enoja...

Se observa cuando se deprime, se observa cuando siente celos y envidia y todo lo demás, poco a poco llega a reconocer: "Esto no soy yo, Esto es hipnosis, esto es una mentira", esta persona no reacciona ante su condición.

En la medida en que no reacciona ante su condición, en esa misma medida, se vuelve libre, ya no le importa lo que los demás hagan. No se compara con nadie. No compite con nadie, simplemente se observa a sí misma, observa la confusión mental.

Nunca va por ahí gritando "Soy la realidad absoluta, soy Dios, soy consciencia". Más bien reconoce de dónde viene y deja a los demás en paz.

Este tipo de ser se desarrolla a un ritmo acelerado, no importa en qué clase de aprieto se encuentre, no importa, porque este ser ya está libre, cuando la mente descansa en el corazón, cuando la mente no va allá afuera para identificarse con el mundo, cuando la mente descansa en el corazón, hay paz, hay armonía, hay puro ser, cuando permites que tu mente salga de tu ser, esta empieza a comparar, a juzgar, a sentirse ofendida, y ahí no hay paz… no hay descanso…

ROBERT ADAMS

Fuente: https://www.netspirit.com/videos/que-es-ser-sabio-robert-adams

La sabiduría de la Naturaleza

La Transformación del Águila

Más de una vez, la naturaleza nos revela toda su sabiduría, vamos a buscar inspiración en uno de los animales más majestuosos que Dios fue capaz de crear, el águila.

De entre todas las aves, el águila es la que posee la mayor longevidad, pudiendo llegar a los 70 años, pero para llegar a esa edad, a la mitad de su vida, tiene que tomar una seria y difícil decisión, porque en esa edad sus uñas se tornan frágiles, débiles y flexibles, se doblan y no consigue aferrar a sus presas de las cuales se alimenta.

Su pico alargado y puntiagudo se encorva, sus alas se encuentran envejecidas y pesadas por la tortura del tiempo, dificultan su vuelo, tomando el acto natural de volar en una tarea casi imposible. En ese momento el águila tiene solamente 2 alternativas, aceptar morir o enfrentar un doloroso proceso de renovación que durará 150 largos días.

En el caso de que escoja la segunda alternativa, tendrá que encontrar todas las fuerzas del mundo para volar a la montaña más alta y refugiarse en un nido, próximo a una pared rocosa, donde no necesite volar; vencido ese primer desafío, el águila comienza a golpear con su pico la roca, hasta que consiga arrancarlo por completo.

Después de este grande y doloroso sacrificio, ella espera pacientemente a que ese pico renazca nuevamente, pues con él, tendrá que arrancar todas sus uñas, hasta eliminarlas por completo. Cuando las nuevas uñas comienzan a crecer, el águila continuará su proceso de renovación, arrancando todas sus viejas y pesadas uñas; pasados los cinco meses, el águila saldrá para alzar el tan esperado vuelo de renovación, lista para vivir la segunda parte de su vida.

En nuestras vidas ¿Cuántas veces tenemos que resguardarnos por algún tiempo, para que podamos empezar un difícil proceso de renovación, para que podamos volar a través de nuevos y diferentes desafíos?

Debemos desprendernos por completo de nuestros recuerdos, costumbres, vicios y tradiciones, conscientes del doloroso sacrificio que tenemos que hacer, solamente libres del inmenso peso de las glorias y fracasos del pasado, podremos disfrutar del valioso significado de la renovación.

La historia de las águilas y de los hombres es muy parecida, ambos tenemos que vencer difíciles obstáculos en el transcurso de nuestras vidas, ambos tenemos que tomar decisiones que irán a determinar la altura y la grandeza de los seres vivos.

La libertad es una conquista, el presente un premio, y la renovación es el único, el único camino para llegar a nuestros objetivos.

Fuente: https://www.youtube.com/watch?v=wTIDsE5Gvn0

LA SABIDURÍA DEL SILENCIO

- "Habla simplemente cuando sea necesario".

- "Piensa lo que vas a decir antes de abrir la boca".

- "Sé breve y preciso, ya que cada vez que dejas salir una palabra por la boca, dejas salir al mismo tiempo un poco de tu energía de vida".

- "De esta manera, aprenderás a desarrollar el arte de hablar sin perder energía".

- "Nunca hagas promesas que no puedas cumplir".

- "No te quejes y no utilices en tu vocabulario palabras que proyecten imágenes negativas porque se producirá alrededor de ti todo lo que has fabricado".

- "Si no tienes nada bueno, verdadero y útil, es mejor quedarse callado y no decir nada".

- "Aprende a ser como un espejo, escucha y refleja tu amor".

- "El Universo mismo es el mejor ejemplo de un espejo que la naturaleza nos ha dado".

- "Si te identificas con el éxito, tendrás éxito".

- "Si te identificas con el fracaso, tendrás fracaso".

- "Así podemos observar que las circunstancias que vivimos son simplemente manifestaciones externas del contenido de nuestra habladuría interna".

- "Aprende a ser como el Universo, escuchando y reflejando la energía sin emociones densas y sin prejuicios, sino siendo como un espejo sin emociones aprendemos a hablar de otra manera".

- "No te des mucha importancia, sé humilde, pues cuanto más te muestras superior, inteligente y prepotente, más te vuelves prisionero de tu propia imagen, y vives en un mundo de tensión e ilusiones".

- "Sé discreto, preserva tu vida íntima, de esta manera te liberas de la opinión de otros y llevarás una vida tranquila, volviéndote invisible".

- "No compitas con los demás, vuélvete como la tierra que nos nutre, que nos da lo que necesitamos".

- "Ayuda a los otros a percibir sus cualidades, sus virtudes, a brillar".

- "Ten confianza en ti mismo, preserva tu paz interna evitando entrar en la provocación y en las trampas de los otros".

- "No te comprometas fácilmente, si actúas de manera precipitada sin tomar conciencia profundamente de la situación, te vas a crear complicaciones".

- "La gente no tiene confianza en aquellos que dicen SÍ muy fácilmente, porque saben que ese famoso sí no es sólido y le falta valor".

- "Toma un momento de silencio interno para considerar todo lo que se te presenta y toma tu decisión después".

- "El hecho de no saber es muy incómodo para el ego, porque le gusta saber todo, siempre tener razón, y siempre dar su opinión muy personal".

- "Cada vez que juzgas a alguien lo único que haces es expresar tu opinión muy personal, y es una pérdida de energía, es puro ruido".

- "Recuerda que todo lo que te molesta de los otros es una proyección de todo lo que todavía no has resuelto en ti mismo".

- "Deja que cada quien resuelva sus propios problemas y concentra tu energía en tu propia vida".

- "Ocúpate de ti mismo, no te defiendas. Cuando tratas de defenderte, en realidad estás dándole demasiada importancia a las palabras de los otros y le das más fuerza a su agresión".

- "Tu silencio interno te vuelve impasible. Haz regularmente un ayuno de la palabra para volver a educar el ego que tiene la mala costumbre de hablar todo el tiempo".

- "Quédate en silencio, cultiva tu propio poder interno. Respeta la vida de los demás y de todo lo que existe en el mundo. No trates de forzar, manipular y controlar a los otros. Conviértete en tu propio maestro y deja a los demás ser lo que son, o lo que tienen la capacidad de ser".

Fuente: https://www.youtube.com/watch?v=ok4Jdthx3AE

CAPÍTULO 14

EL TAMAÑO DE LAS PERSONAS

Un día, estaba platicando con unas personas acerca de "El Saludo", esta conversación surgió a raíz de que nos encontrábamos en un pasillo y pasó una persona por donde estábamos y NO saludó, entonces alguien dijo:

¿Cómo es posible que pasen y no saluden? La otra persona le comentó sobre un famoso dicho que dice: "Lo cortés no quita lo valiente."

Otro de los presentes habló acerca de: "El Tamaño de las Personas". Me llamó mucho la atención ese término, ya que me hizo recordar una diapositiva que recibí hace un tiempo con ese mismo título: "El Tamaño de las Personas" y pensé: ¡Qué coincidencia!

Después, comenzaron a hablar acerca de varios temas tales como: la sencillez, el respeto, la importancia del trato, entre otros temas que fueron surgiendo a raíz del tema del saludo.

Asimismo, dijeron que no tiene nada de malo saludar a todas las personas, desde la persona que hace la limpieza hasta la persona que ocupa el puesto más alto de una institución.

La Sencillez

En lo personal, me ha tocado conocer a personas que ocupan altos puestos y son las personas más sencillas

que he conocido. Es admirable ver a ese tipo de personas con esa sencillez y con gran calidad humana.

*"Las personas especiales huelen a sencillez
y reflejan un brillo en el centro del alma".*

Anónimo

Reflexión: El tamaño de las personas (William Shakespeare)

Una PERSONA ES ENORME PARA UNO, cuando habla de frente y vive de acuerdo a lo que habla, cuando
trata con cariño y respeto, cuando mira a los ojos y
sonríe inocente.

ES PEQUEÑA cuando solo piensa en sí misma y les
hace creer a los otros que piensa en ellos; cuando se
comporta de una manera poco gentil, cuando no apoya,
cuando abandona a alguien justamente en el momento
en que tendría que demostrar lo que es más importante
entre dos personas: La amistad, el compañerismo, el cariño, el respeto, el celo y asimismo el amor.

UNA PERSONA ES GIGANTE cuando se interesa por
tu vida, cuando busca alternativas para tu crecimiento,
cuando sueña junto contigo, cuando trata de entenderte
aunque no piensen igual.

UNA PERSONA ES GRANDE cuando perdona, cuando
comprende, cuando se coloca en el lugar del otro, cuando obra no solo de acuerdo con lo que esperan de ella,
pero sí de acuerdo con lo que espera de sí misma.

PERO ES PEQUEÑA cuando se deja regir por compor-
tamientos clichés. Cuando quiere quedar bien con todos,
cuando maneja a la gente que menos puede como un

titiritero, y lamentablemente, siempre hay gente que no tiene convicciones y se deja manejar…

Una misma persona puede aparentar grandeza o pequeñez dentro de una relación, puede crecer o disminuir en un corto espacio de tiempo.

Una decepción puede disminuir el tamaño de un amor que parecía grande.

Una ausencia puede aumentar el tamaño de un amor que parecía ser ínfimo.

Una decepción puede terminar con el respeto de alguien… de muchos…

Una acción correcta puede enaltecer a otros.

Es difícil convivir cón esta elasticidad. Las personas se agigantan y se encogen a nuestros ojos. Ya que nosotros no juzgamos a través de centímetros y metros, sino de acciones y reacciones, de verdades o falsedades, de expectativas y frustraciones.

Una persona es única al extender la mano, y al recogerla inesperadamente, se torna en otra.

El egoísmo unifica a los insignificantes, a los perdedores, a los falsamente llamados diplomáticos.

No es la altura, ni el peso, ni la belleza, ni un título o mucho dinero lo que convierte a una persona en grande…

Es su honestidad, su decencia, su amabilidad y respeto por los sentimientos e intereses de los demás y por su sensibilidad sin tamaño…

Fuente: https://www.youtube.com/watch?v=Qn73JJuEMSc

El Respeto

En mi opinión personal, el respeto empieza por uno mismo, cuanto mayor es el nivel de autoestima, mejor tratamos a los demás.

"Entre los individuos, como entre las naciones,
el respeto al derecho ajeno es la paz."

BENITO JUÁREZ

Reseña de Don Benito Juárez

Benito Pablo Juárez García nació en San Pablo Guelatao en Oaxaca, México, el 21 de marzo de 1806. Fue un abogado y político mexicano, de origen indígena (de la etnia zapoteca).

También fue Presidente de México en varias ocasiones. Se le conoce como el «Benemérito de las Américas». Es célebre su frase: "Entre los individuos, como entre las naciones, el respeto al derecho ajeno es la paz."

Fuente:
https://es.m.wikipedia.org/wiki/Benito_Ju%C3%A1rez

La importancia del trato

Me gustaría compartir la siguiente frase contigo, querido lector, que a pesar de ser tan corta, encierra un profundo mensaje y una gran verdad.

"Como haces sentir a otros
dice mucho de ti."

ANÓNIMO

A lo largo de mi vida me he dado cuenta de la importancia que tiene la forma en que tratamos a los demás, y tal como dice la frase: "Como haces sentir a otros, dice mucho de ti" es verdad.

Fue a través de lo que me decían otras personas que sin proponérmelo, aprendí qué es lo que hace sentir bien o mal a las personas.

Por ejemplo, en uno de mis trabajos (en la escuela de español para extranjeros) algunos estudiantes me decían que habían tenido una bonita experiencia durante su estancia en México y que me agradecían el haber hecho mucho por ellos.

Honestamente, aunque sentía bonito, no entendía bien a qué se referían con haber hecho mucho por ellos, ya que yo pensaba que simplemente estaba haciendo mi trabajo, pero después comprendí a qué se referían.

Me di cuenta de que cuando tú ayudas a las personas de forma genuina, cuando haces tu trabajo con cariño, con amor, sin esperar nada a cambio, cuando los escuchas atentamente y muestras interés en sus problemas y tratas de ayudar en la medida de lo posible, te das cuenta de que se refieren a CÓMO LOS HACES SENTIR, los haces sentir que son importantes para ti.

Se sentían bien tratados en un país que no era el suyo, ya que me encargaba de coordinar su hospedaje con las familias, así como la logística desde su llegada y regreso al aeropuerto de la ciudad de México.

Cuando ayudas desinteresadamente, cuando das el extra, cuando das más de lo que la gente espera, las personas lo perciben, saben cuándo es de forma genuina o cuándo solo es por darle la razón al cliente.

Por ejemplo, en otro trabajo, otra de las cosas que desconocía y que aprendí es que el simple hecho de saludar a la gente y hablarles por su nombre los hace sentir importantes.

Es increíble cómo te responde la gente cuando necesitas algo, y que por el simple hecho de saludarlos, te ayudan, te apoyan y esto se debe a la forma en cómo los haces sentir.

Me he llevado grandes sorpresas al recibir gestos de cariño de esas personas a través de un detalle, un regalito, como forma de agradecimiento, por el simple hecho de saludarlas, hablarles por su nombre, por dirigirse hacia ellos con respeto y pedirles las cosas de buena manera.

"Lo más importante es la persona que eres,
sin importar la profesión que tengas,
lo que estudiaste o el cargo obtenido.
Lo importante es:
Lo que hay en tu corazón.

No descalifiques a ningún Ser,
todos tienen algo que enseñarte
y tú, algo que aprender".

ANÓNIMO

Nunca te rindas

Denzel Washington - Cae hacia adelante Fall Forward

He descubierto que nada en la vida vale la pena a menos que te arriesgues, nada.

Nelson Mandela dijo: "No se puede encontrar pasión jugando en pequeño y estableciéndote por una vida que es menos de la que eres capaz de vivir, estoy seguro de que las personas te han dicho que tengas algo seguro a que recurrir, que tengas algo seguro que te respalde, pero nunca comprendí ese concepto: Teniendo algo sobre que apoyarse".

Si me voy a caer, no quiero retroceder en nada, excepto en mi fe. Quiero caer hacia adelante, al menos así podré ver en qué me voy a golpear. Cae hacia adelante.

Tomás Edison falló en 1000 experimentos, porque el intento 1001 era la luz. Cae hacia adelante. Cada experimento fallido es un paso más cercano hacia el éxito, tienes que arriesgarte y seguramente has escuchado eso antes, pero quiero hablarte acerca de por qué eso es tan importante.

1. Primero: Vas a fallar en algún momento en tu vida, acéptalo, perderás, te avergonzarás y te estancarás en algo, no hay duda sobre eso. Abrázalo porque es inevitable. Pero la clave está en no renunciar, en no retroceder, recé y recé, pero continué fallando y fallando pero no importó. ¿Sabes por qué? Hay un viejo dicho:

2. "Si no fracasas es que ni siquiera lo estás intentando. Para obtener algo que nunca has tenido, necesitas hacer algo que nunca has hecho".

3. Sal allá afuera y da todo lo que tengas, ya sea tu tiempo, tu talento, tus oraciones. ¿Qué harás con los talentos que tienes? No me refiero a cuánto tienes, algunos de ustedes tienen dinero, algunos tienen paciencia, algunos tienen amabilidad, algunos son amorosos, lo que sea que sea tu talento. ¿Qué harás con el don o talento que tienes?

4. Algunas veces, es a través de un fracaso como te das cuentas hacia dónde te quieres dirigir, tu

vida nunca será un camino recto, porque arriesgarse no es solamente ir en busca de un trabajo, es también saber sobre lo que sabes y lo que no sabes, es estar abierto a la gente y a las ideas, estar abierto a la vida, aceptar nuevos puntos de vista y estar abierto a nuevas opiniones, porque las oportunidades que tomes, las personas que conoces, las personas que amas, la fe que tienes, eso es lo que te va a definir.

Nunca te desanimes, nunca retrocedas, da lo que tengas que dar, y cuando llegues a caer, recuerda esto: Cae hacia adelante.

Fuente: https://www.youtube.com/watch?v=U53jHdN0lHI

CAPÍTULO 15

¿CUÁL ES TU MISIÓN, TU VISIÓN Y TUS VALORES?

Un día vi por casualidad un anuncio en una revista en donde se anunciaba una Aseguradora, la cual además de promocionar su nombre, decía QUIÉNES SON, cuál es su MISIÓN, VISIÓN y sus VALORES.

Esto, a simple vista, puede parecer como lo más común del mundo, pero y eso ¿Qué tiene de especial? Sin embargo, me llamó la atención en el sentido de personalizar esas preguntas a uno mismo como individuo y no como empresa.

¿Alguna vez te has preguntado cuál es tu misión, tu visión y cuáles son tus valores? ¿Cómo puedes obtener tener claridad sobre lo que quieres o hacia donde te diriges? ¿Qué es el éxito y realmente te da la felicidad?

Cuántas veces te ha tocado conocer a ciertas personas, que aparentemente lo tienen todo, desde salud, dinero, amor, viajes, lujos, poder, etc., sin embargo, no se sienten satisfechas o no son felices.

La definición del éxito es algo personal, lo que la sociedad determina como éxito es subjetivo. Éxito es estar contento con lo que eres, con quien tú eres, éxito es estar feliz contigo mismo.

*"El que no vive para servir,
no sirve para vivir".*

MADRE TERESA DE CALCUTA

Tal vez te surjan algunas preguntas tales como:

1. ¿Por dónde empiezo?

2. ¿Qué camino debo seguir?

3. ¿Quiero realmente un cambio en mi vida?

El hecho de plantearse preguntas te ayuda mucho en el sentido de tener una orientación o de encontrar una dirección hacia dónde dirigirte.

La clave está en ser honesto contigo mismo, pregúntate si has llegado a un punto en tu vida en que realmente sientes que necesitas un cambio. En ese caso, te pregunto:

1. ¿Si no estuvieras donde estás ahora, dónde podrías estar y qué te gustaría estar haciendo?

2. ¿Alguna vez te ha pasado que quieres un cambio, pero no sabes exactamente cuál?

3. ¿Sabes que quieres pero no sabes el cómo?

Estos son algunos pasos a seguir que te pueden ayudar a tener un poco más de claridad al respecto.

1. **Tener un objetivo**:

   Por ejemplo: **Tomar un curso** sobre algo que quieres aprender para mejorar tu negocio.

2. **Un objetivo en específico:**

   Por ejemplo: Necesito un **Curso de Mercadotecnia** para vender en mayor cantidad mis productos.

3. **Un objetivo que sea medible**:

Por ejemplo: **¿Cuánto dura ese curso?**

Puede ser de 6 meses.

4. Que sea **un objetivo realista, alcanzable:**

- ¿Tengo el dinero y el tiempo para poder llevarlo a cabo?

- ¿Hay ese tipo de cursos en mi ciudad? -

- ¿Busco este curso en línea?

- ¿En qué me va a beneficiar si lo hago?

Es importante que tú creas que tu objetivo sí es posible y adaptarlo a algo que sea factible, realista, hacerte las siguientes preguntas:

- ¿Cuál es mi situación ahora?

- ¿Cuento con el dinero?

- ¿Cuento con el tiempo?

Lo ideal es ponerte objetivos intermedios, por ejemplo:

1º. Que sea razonable y alcanzable.

2º. Planear: Cuándo empieza tu curso y cuándo termina, para saber en cuánto tiempo lo vas a conseguir.

3º. Poner una meta de tiempo: Entre más específica la fecha, mejor. Por ejemplo, este curso lo dan 2 veces al año, de marzo a agosto o de septiembre a febrero.

Finalmente, necesitas estar comprometido, de que no te vas a rendir, de que no te vas a detener hasta lograrlo, estar consciente de que requiere tiempo, dinero y esfuerzo, así como ser perseverante y paciente hasta conseguirlo. Recuerda que vale la alegría, ya que esa es la mejor inversión que puedes hacer en ti mismo.

A veces es necesario detenerte y hacer una pausa para reflexionar y pensar qué es lo que quieres realmente, quién quieres llegar a ser y hacia dónde te diriges. ¿Cómo descubrir cuál es nuestra misión? ¿Cómo saber cuál es nuestra visión?

Discurso de Oprah Winfrey en Spelman College

(Oprah Winfrey's Life Advice Will Change Your Future. One of the Best Motivational Video Ever).

"Las tres cosas que les quiero decir son solamente tres cosas, les podría decir más, pero estas tres cosas les serán de gran ayuda si así lo deciden.

1. **La primera y la más importante: SABER QUIÉN ERES.** Saber quién eres. Ser capaz de responder esta pregunta: **¿Quién soy y qué es lo que quiero?**"

Les platicaré una anécdota: "En algunas ocasiones, cuando viajaba por el país, siempre se me hacía complicado responder cuál era mi ocupación, en una ocasión estuve más de 10 minutos pensándolo.

¿Soy una presentadora de TV? Pues sí lo soy. ¿Soy mujer de negocios? Pues sí lo soy. ¿Soy emprendedora? Sí, lo soy; como no me decidía, entonces dejaba el campo en blanco o bien le ponía "autoempleada".

Así que no les estoy preguntando cuál es su rol como hijas, no les estoy haciendo esa pregunta. No les estoy preguntando cuál es su rol como hija, amiga o hermana, sé que serán abogadas, maestras, farmacéuticas. Yo les estoy haciendo una pregunta mucho más importante:

"¿Quién eres? ¿Quién eres realmente?" En mi caso, mi respuesta es que soy hija de Dios. Yo soy esa realidad.

Como Pierre D´Argent dijo: "Soy un espíritu teniendo una experiencia humana".

¿Y qué es lo que quiero? No quiero ser solamente una persona exitosa, no quiero ser solamente una referencia o tener un legado.

La respuesta a esa pregunta para mí es: quiero llenar las más altas y verdaderas expectativas que se requieren para ser un ser humano. Quiero cumplir con las expectativas que tiene el Creador sobre mí como ser humano.

¿Qué es lo que quieren? Debes tener alguna especie de visión para tu vida, incluso si no conoces el plan. Debes tener una dirección en la cual deseas ir.

En mi caso, nunca fui el tipo de mujer que le gustaba subirse a un auto y solo pasear, tenía un novio que decía vamos a dar un paseo y yo le preguntaba: "¿A dónde vamos? ¿Tenemos un destino? ¿Hay un plan o solo nos estamos paseando?" Lo que aprendí de esta gran metáfora de la vida:

Es que tú quieres ir en el asiento del conductor de tu propia vida, porque si no, la vida te conducirá a ti.

Entonces, conocer quién eres realmente en todo momento y lugar es el primero de mis consejos. ¿Qué es lo que quieres? ¿Quién eres?

2. **Número dos: DEBES ENCONTRAR UNA MANERA DE SERVIR.** Martin Luther King dijo: "Que no todos pueden ser famosos, pero todos pueden ser geniales porque la genialidad es determinada por el servicio".

Vivimos en un mundo donde todos quieren ser famosos y donde admiramos a la gente solo por ser famosos. Pensamos que ser conocidos nos da valor, la verdad es que todo eso se irá con el tiempo.

La verdad es que servir al prójimo tiene un gran significado, el significado que tiene servir al prójimo es lo que perdura. Y si observas a todas las personas más exitosas en el mundo, lo sepan o no, ellos tienen ese paradigma del servicio. Todos hablan sobre Mark Zuckerberg y su trabajo, el servicio. Jay-Z rapeando, servicio al mundo, a las personas, a alguien.

Por muchos años estuve muy feliz por solo estar en la televisión y la gente se paraba y me decía ¿Tú sales en televisión? Sí, salgo en televisión, me gusta estar en la televisión, es un trabajo muy padre, y fue en aquel tiempo que hice mi doctorado en Spelman durante 1993, ya lo tenía, no sabía qué hacer con él, pero me veía como la Doctora Winfrey.

Después miré un poco hacia atrás, para ver qué era lo que estaba haciendo en la TV. Tomé una decisión, que ya no estaría en la televisión solo porque sí, pero usaría la televisión como una plataforma, una fuerza para bien y no sería utilizada por la televisión.

Y les diré: mi decisión para realizar un cambio significativo, en mi manera de operar en la televisión, utilizando la televisión como un servicio, cambió mi carrera exponencialmente. El servicio a través de la medicina, el servicio a través del arte, usando lo que sea, produces tu producto como una forma de darle algo a cambio al mundo.

Cuando cambias el paradigma, sea cual sea tu decisión para servir y le das un gran significado a eso, el éxito, se los prometo, los seguirá. El servicio y el significado que le das es tener éxito.

3. **Número tres**: Es tan simple pero tan difícil de hacer, **SIEMPRE HAZ LO CORRECTO, SIEMPRE.** Cuando eres excelente la gente lo nota.

Piénsalo, vas a Taco Bell, alguien te da servilletas extras y algo de salsa, y tú lo notas, te dan ganas de regresar con esa persona, porque incluso en Taco Bell la excelencia se muestra por sí misma. Sé excelente, deja que la excelencia sea tu marca.

Todos hablan acerca de crear una marca, yo ni sabía qué era eso, cuando la gente me dice tú eres una marca, yo digo: No, solo soy Oprah. Lo que reconozco ahora es que mi decisión para hacer esto de todas las formas, en todos los ejemplos, en cada experiencia, hacer lo correcto y lo excelente es lo que ha creado la marca.

Hace unos años no me sumé a Revlon para un anuncio que estaban haciendo llamado: "Mujeres Inolvidables". Y lo que yo sé es que cuando eres excelente, te haces inolvidable, la gente te recuerda, sobresales, eso es lo que obtienes, te conviertes en una mujer inolvidable y eso es lo que todos queremos. Queremos ser inolvidables y no olvidables.

Entonces, hacer lo correcto, aun cuando nadie sabe que estás haciendo lo correcto, será siempre lo mejor para ti. Se los prometo. ¿Por qué? Porque la tercera ley de Newton siempre funciona. Por cada acción hay una acción igual y opuesta. Eso es tan cierto en nuestras vidas, eso es lo que dijo Newton.

El cantante Seal lo dijo en una de sus canciones: "Todo lo que trates de hacerme a mí, ya te lo había hecho a ti. Todo lo que trates de hacerme a mí, ya te lo había hecho a ti".

Entonces no tienes por qué preocuparte por la venganza, vengarte de alguien, asegurarte de que paguen, solo tienes que hacer lo correcto y lo correcto te seguirá incluso cuando la gente no esté de acuerdo.

Recuerdo muchas veces en mi show, hay muchos shows que nunca vieron y la razón por la que nunca los vieron es porque yo tenía el último voto.

Y yo recuerdo que en el 2010, mi equipo, el equipo más trabajador en la televisión, le hizo una entrevista a una mujer que resultó ser una maestra de escuela dominical por la mañana y una adicta al sexo por las noches, y ellos decían: No lo creerías, ya la cachamos, la grabamos con los hombres, le mostramos el video y ella está dispuesta a enseñar todo.

Me senté con la mujer para la entrevista que fue grabada y durante el proceso de la entrevista le dije:"¿Por qué estás haciendo esto?" Y ella dijo: "Quiero ayudar a la gente, contar mi historia y ayudar a la gente". Le dije:"¿Tienes hijos?" Ella dijo: "Sí, tengo un hijo de 10 años". Supe en ese momento que esto nunca se televisaría.

Así que dejamos de hacer la grabación y le dije a la mujer: "No vamos a sacar al aire ese show". Ella dijo "¿Por qué? "Mi productor dijo: "¿Por qué? Ella sabía que estaba siendo filmada, ella sabe lo que estaba diciendo"

Y yo dije: "Porque su hijo nunca va a superarlo. Y no vale la pena el punto de rating para mí. No vale la pena el punto de rating para mí sabiendo que hay un niño de 10 años que está siendo destruido porque su madre apareció en el show de Oprah Winfrey y habló de sus cosas".

Es por eso que debes hacer lo correcto incluso cuando la otra gente piensa que no lo es, y muchas veces cuando tomas una decisión para hacer lo correcto, inmediatamente te llegan las dudas. ¿Fue lo correcto? ¿Fue la decisión correcta? No lo sé. ¿Fue lo correcto?

Siempre sabes que es lo correcto cuando al final hay paz, eres recompensado con paz y sabes que hiciste lo correcto. La cosa más importante que yo aprendí de hacer lo correcto y tomar las decisiones correctas es entender que todas ustedes tienen el potencial para un éxito enorme, pero hay un precio que viene con todo eso:

No siempre le agradarás a la gente, y no siempre estarán felices por ti, y si te rodeas de personas que no están acostumbrados a tu éxito, ellos se llenarán de miedo, se volverán temerosos, porque tú les reflejarás algo, pero ellos no lo reconocerán. Ellos no dirán:Sabes tengo mucho miedo, porque tú me reflejas algo que no reconozco; ellos dirán, tú sabes que dirán, ellos dirán: ¿Quién se cree que es? ¿Quién se cree que es?

Eso solo pasa cuando estás rodeado de gente que no quiere ni desea lo mejor para ti. Las personas que quieren lo mejor para ti quieren que seas lo mejor. Entonces, mi mejor consejo es que se rodeen de personas que llenen su taza hasta que su taza se desborde.

Entonces cuando la gente te diga: estás tan lleno de ti, tú podrás decir:¡YEAH! Sí, estoy lleno, estoy tan lleno que mi taza se desborda, y para saber si una taza se desborda, tú no puedes gastar tu vida con tus ofrendas tamaño galón, ofreciéndoselas a personas de tamaño pequeño.

Debes rodearte de personas tamaño galón, personas que puedan hacerte compañía, así, tú no estás ofreciendo galones a esas pequeñas personas de ahí afuera, que de cualquier manera no pueden sostenerlo.

Choice to change the world amo esa canción, me encanta escuchar a todos cantar esa canción, y lo que sé con certeza es que las elecciones más grandes comienzan y terminan contigo. Tus grandes preguntas internas. ¿Quién quiero ser en el mundo? Mi relación con Dios, no estoy hablando de lo que crees en Dios, estoy hablando de tu experiencia sobre lo que es toda la vida, la cual es divina y universal.

Estoy hablando de un gran acuerdo, estar conectado y alineado con eso cuando estás sintonizado y cargado en eso, cada vez que te sientas vacío, vas a tu mundo interior y te conectas a la fuente de tu poder y sabes que todas las cosas son posibles.

Para saber eso, y para optar por hacer lo correcto, sirviendo al prójimo con un gran significado, te lo prometo que crearás un buque de servicio para ti mismo primero, porque primero tienes que honrarte a ti mismo, tienes que darte a ti mismo primero, de lo contrario no tienes nada que regalar.

Crearás un buque para ti mismo, para tu familia, tu comunidad y el mundo. Y esas tres cosas no solo te llevarán a una vida bendecida, yo estoy como testigo, mi vida es tan bendecida que en ocasiones no puedo siquiera entender por qué.

Esto no te llevará solo a una vida dotada y una vida gratificante que te haga sentir plena, pero también a una vida tan dulce.

Eso es lo que quieres… Quieres dulzura, quieres ser tan dulce, que incluso cuando lleguen las tormentas, porque llegarán en algunas ocasiones, sabrás con plena confianza que pasarán tarde o temprano. Esta tormenta pasará también, pasará por encima y no deberás ser movida porque sabes quién eres.

Y cuando puedas hacer eso, la gracia te seguirá, la gracia y la gloria. Y cuando ellos te vean venir, esto los hará sentirse orgullosos, ellos dirán: es el clic de tus tacones, es la belleza de tu cabello, es la palma de tu mano, porque eres una mujer, eres una mujer Spelman de una fenomenal clase de 2012, gracias".

Fuente: https://www.youtube.com/watch?v=WhGpZRlEMpw

CAPÍTULO 16

PROCESO DE LA TRANSFORMACIÓN

¿Cuántas veces te ha pasado en diferentes momentos de tu vida en que te has sentido estancado (a)?

Tal vez has pasado por diferentes situaciones en las que sientes que por más que te esfuerzas no ves resultados y sientes que no avanzas, sin embargo, a pesar de que el resultado no se ve de forma inmediata, muchas veces la incomodidad es necesaria para nuestra transformación.

En ocasiones llega a ser muy doloroso y no logras comprender por qué, pero es parte de tu crecimiento, siempre y cuando sigas luchando por tus sueños sin darte por vencido, aunque sea un paso a la vez. No necesitas competir con nadie, recorre tu propio camino, a tu ritmo pero nunca te detengas.

Reflexión acerca del proceso que implica la transformación

El dolor y el esfuerzo son necesarios para el éxito.Un hombre se puso a observar el capullo de una mariposa, vio que un día tenía una pequeña abertura, se sentó para poder apreciar el momento en que saliera.

Luego de verla por varias horas luchando, para forzar el paso de su cuerpo, a través del estrecho agujero, le pareció que la situación se había estancado y ya no había progreso, como si ya ella hubiese agotado todos los recursos y no le fuera posible continuar.

Así que el hombre decidió ayudar a la mariposa, tomó unas tijeras y cortó el resto del capullo que faltaba, la mariposa, salió con facilidad, pero tenía el cuerpo hinchado y sus alas eran pequeñas y arrugadas.

Él esperaba que las alas le crecieran en cualquier momento y que su cuerpo fuera normal, pero nada de eso ocurrió, de hecho la pobre mariposa pasó el resto de sus días arrastrándose con el cuerpo hinchado y sus alas pequeñas y arrugadas, nunca pudo volar y en poco tiempo murió.

En su amable y precipitado afán de ayudarla, lo que el hombre no había entendido era que la lucha desafiante que sufre la mariposa para liberarse de su capullo es la manera que tiene la naturaleza de forzar el líquido de sus alas, para endurecerlas y hacerlas lo suficientemente fuertes y sanas para su nueva vida.

Sin ese esfuerzo para romper su propio capullo, no puede haber fuerzas en sus alas, no puede haber vuelo y en última instancia, no puede haber vida.

En ocasiones, la mejor ayuda es dejar que cada uno aprenda a madurar superando sus propias dificultades, esos obstáculos, aunque nos parezcan terribles y dolorosos, es exactamente eso lo que necesitamos en nuestras vidas para ser cada vez más fuertes.

Muchas veces, los padres cometen ese mismo error, tratan de quitar cualquier inconveniente del camino de sus hijos y cuando hacen esto, no se dan cuenta de que no le están haciendo un bien sino le están causando mucho daño, pues anulan su capacidad como ser humano, limitándolos de tal forma que se vuelven incapaces de tomar retos y decisiones porque la palabra esfuerzo para ellos no existe, la desconocen por completo.

Esos padres, con la excusa de no querer que sus hijos pasen por las mismas dificultades que ellos pasaron, están creando una generación de personas dependientes, inseguras y poco o nada productivas.

El papel de los padres es prepararlos en el proceso de aprendizaje de la vida, dar consejos basados en sus experiencias adquiridas, por ya haber pasado ese mismo proceso porque así es la vida.

Ellos han de aprender desde pequeños a solucionar sus propios problemas y poder detectar cuáles son las cosas que están causando la situación por la que están pasando, ser capaces de solucionarlo y encontrar la forma de salir adelante.

Esos procesos te enfrentan a situaciones que no puedes evitar, en las cuales tienes que aprender, crecer y transformarte y la mayoría de las veces lo tienes que hacer solo, porque esa evolución, solo depende de ti y de nadie más.

El esfuerzo es imprescindible para aprender y lograr el éxito, es la clave para conseguir tus objetivos, pues te impulsan y te sostienen en la acción, también te ayudan a valorar las cosas, porque lo que se consigue con esfuerzo tiene un valor más grande, es un ingrediente muy importante para el éxito que está al alcance de todos.

Es real y necesario, pero depende de ti lograr que tenga sentido y convertirlo en algo positivo que te haga feliz, porque el esfuerzo no sé opone a que consigas la felicidad, sino que te ayuda a lograrla, no es un don con el que se nace, es un valor o una actitud que se aprende.

Es un proceso en el cual aprenderás que la comodidad y el confort no se pueden alcanzar sin esfuerzo, que si no eres capaz de esforzarte por lo que quieres, vas a vivir siempre con los sentimientos de impotencia, de conformismo y falta de entusiasmo, en cambio, tu voluntad para luchar siempre se verá recompensada por una vida plena.

Continuamente te encuentras con publicidad que te está vendiendo ideas contradictorias, poniendo de manifiesto que puedes conseguir cualquier cosa sin esfuerzo, como que todo se puede muy fácilmente, tal como ese anuncio de aprender inglés en cinco días, sin esfuerzo; increíble, con esto ganarás diez mil dólares en una semana; o bajar tantos kilos en una semana, etc.

Mensajes como estos no pueden estar más lejos de la realidad, todo con tanta facilidad es lo que nos quieren vender, es falso y solo sirve para fomentar una cultura encaminada a la comodidad y al poco o ningún esfuerzo.

Es muy importante que aprendas que nada es gratuito ni tan fácil, todo es un proceso y siempre debes elegir lo mejor, no lo más fácil, tú estás motivado y sí sabes que vale la pena pero nunca será fácil.

El esfuerzo que estás haciendo te permitirá ver y desarrollar capacidades que tenías dormidas, te hará ser constante, perseverar cuando las cosas se pongan mal, pero quiero que de verdad entiendas todo esto, es muy importante porque no conozco otra manera de que ganes las cosas que crees que mereces.

El camino no será sencillo, pero cuando llegues a la meta te darás cuenta de que la sensación no es tan grande como la sentiste cuando pusiste toda tu energía para esquivar los obstáculos, pues en ese momento dirás: fue duro, sufrí mucho, pero es muy bueno haber sufrido.

Acostúmbrate a desarrollar tu fuerza de voluntad sin dejarte llevar de caprichos o antojos, no haciendo las cosas de cualquier manera o dejándolas a medio hacer, sino tratando siempre de hacer un buen trabajo, así nunca caerás en la dejadez o en la mediocridad.

Si crees en tus sueños, debes estar dispuesto y preparado para los cambios, para enfrentar dolorosos procesos que conlleva realizar todo esto. Aquello que estés dispuesto a dejar atrás determinará cuán lejos llegarás en la vida.

No desistas por miedo a lo desconocido,ni dejes que nadie intervenga en tu transformación, porque tú tienes todo el poder necesario para lograrlo al igual que la mariposa, todos nacemos orugas en esta vida.

Tienes un capullo creado por ti o por otros, sin embargo, al igual que la mariposa, debes estar dispuesto a romper ese capullo, aunque esto te cueste, aunque te duela, de lo contrario, vivirás siempre con miedo, amparado en la seguridad de tu capullo protector.

Dentro de ti esta todo lo que necesitas para crear tu liberación, esa puerta que debe abrirse para que se produzca ese cambio, solo tú puedes abrirla desde dentro, atrévete a dar el paso adelante, deja el miedo.

Quizás lo veas como un camino con más dolor, pero es el camino que te hará libre, hazte esta pregunta:

¿Por qué seguir siendo oruga? La solución está en tus manos, decide transformarte, despojarte de todo lo que te pasa y te impide comenzar a volar hacia la vida que realmente quieres vivir.

Todo lo grande es hijo del esfuerzo y tú debes de morir para vivir, perder para ganar y dar para recibir.

Dale valor a lo que es importante para ti

"A final, recordaremos no las palabras de nuestros enemigos,pero sí el silencio de nuestros amigos".

Martin Luther King Jr.

Yendo mucho más profundo que eso, piensa en el silencio dentro de ti, cuando llegas al final de tu vida, no mires hacia atrás con arrepentimiento, sabiendo que deberías haber defendido algo más grande que la vida que viviste.

Mirando hacia atrás con arrepentimiento sabiendo que tu corazón era más grande que la vida pequeña que viviste, sabiendo que te preocupaste profundamente por una causa más grande que tú, pero dejas que el miedo se interponga en tu camino de que tu voz sea escuchada, miedo al juicio, miedo a la opinión de los demás.

En lo que sea que tú crees – ¡Vive eso! No tengas miedo de las opiniones de los demás, si no te apoyan, ellos no son los adecuados para ti.

Tú tienes bondad en tu corazón y tienes que defender eso, yo no sé qué sea o significa para ti pero lo haces.

Tú tienes cosas por las que quieres luchar, tienes causas por las cuales necesitas luchar, tienes causas y personas que te necesitan para que las defiendas.

Permanece firme en tus convicciones, mantente firme ante lo que es correcto, no solamente lo que es correcto para ti, sino lo correcto para todos, justo para la humanidad, justo por la paz en este planeta, resiste a la vida, resiste tus retos, resiste a tus demonios, defiende lo que crees. ¡Levántate!

Lucha por tus sueños, sin comprometer el bien en ti, todavía puedes llegar a la cima, sin pisotear a nadie para llegar ahí, puedes tenerlo todo mientras entregas todo al mundo.

"Con integridad, no tienes nada que temer,
ya que no tienes nada que esconder.
Con integridad, harás lo correcto, para que
no tengas culpa".

ZIG ZIGLAR

Se trata de vivir con integridad, viviendo con orgullo en tu alma, no hay un camino más rápido hacia la paz interior que sabiendo que haces lo correcto, cada paso de cada día. Viviendo con integridad, liderando con tu corazón y tu alma y viviendo con amor dentro de ti. ¿Cómo sabes que lo que estás defendiendo es lo correcto?

"Siempre sabes que es lo correcto cuando al final hay paz."

OPRAH WINFREY

"Sigo tres reglas:
Haz lo correcto.
Haz lo mejor que puedas.
Y siempre muestra a la gente que te importan."

LOU HOLTZ

El tiempo siempre es correcto para hacer lo correcto, para mantenerse firme para lo correcto, para hablar lo correcto. Dar tu alma y tu corazón para lo correcto. Resiste a la vida, resiste a los retos, defiende en lo que crees, representa algo, vive por algo. Tú importas.

Fuente: https://www.youtube.com/watch?v=gVZJ3Kio7F0

MENSAJE MOTIVACIONAL

Entre las cosas que nos impiden actuar está el miedo a fracasar, y si ya has fallado no vas a querer fracasar de nuevo, el dolor de esa decepción puede ser latente.

Muchos de nosotros no actuamos porque buscamos la aprobación de los demás, queremos gustarle a todo el mundo, queremos ser aceptados por todos, nos conformamos con menos de lo que realmente merecemos.

No nos sentimos bien por eso, pero de alguna forma hacemos que funcione en nuestras mentes, inventamos algún tipo de excusa para hacerlo bien y no pensar que estamos estancados.

A la mayoría de la gente les gusta sentir que son los reyes dentro de su zona de confort, solo quieren hacer esas cosas que saben hacer bien, así que hay muchas razones por las cuales no actuamos. La otra cosa que nos afecta es que no queremos asumir la responsabilidad personal, queremos que alguien más la asuma por nosotros y eso es imposible. Y cuando vas por la vida así, algo en ti muere. Pregúntate: ¿Qué es lo que yo absolutamente quiero?

No esperes que las cosas sean justas, no esperes que las cosas sean perfectas, no esperes la situación ideal porque nunca será ideal.

Hoy tienes esa oportunidad, podrías no estar vivo el próximo año, este es el único momento que tienes.

Vas a encontrar cosas increíbles cuando tú decidas actuar, cuando decidas controlar tu vida y te lo advierto, puede ser doloroso, será incómodo y ahí es donde vas a crecer.

Nunca vas a estar satisfecho porque siempre podrás crecer mientras inviertas esfuerzo y tiempo en ti y esa es la mayor capacidad que los seres humanos poseemos.

Puedes mirar la fuerza de un animal, pero el ser humano tiene un ilimitado potencial, puedes esforzarte, concentrarte en ti y en tu crecimiento, puedes transformar tu vida donde quiera que estés en este momento.

Mucha gente dejará este universo sin dejar rastro, nadie sabrá que estuvieron aquí. ¿Qué es lo que vas a dejar? ¿Cuál es la diferencia que marcará tu camino?

Escucha, todavía hay una pequeña voz en tu interior, no trates de hacer todo de forma lógica, hay muchas cosas en la vida que desafían la lógica.

Hay cosas increíbles para ti allá afuera en este mundo y tienen tu nombre y nadie puede conseguirlas por ti, porque está tu nombre en ellas, los demás no pueden recibirlas, tienes que ir a buscarlas tú. Así que debes de saber que sea lo que sea lo que estás buscando, eso también te está buscando a ti. No te preocupes, no huyas asustado, no creas que alguien tomará tus sueños por ti.

Tienes que decir sí, sí a mis sueños, sí a mí, sí puedo hacerlo, sí puedo ir. No necesitas que nadie apruebe tu sueño, la vida te lo regaló, si ellos no pueden verlo es porque no se les dio a ellos, te lo han dado a ti.

Y persiguiendo ese sueño vas a ser arrojado al suelo una y otra y otra vez, pero cuando tienes determinación y sabes que estás haciendo lo correcto, tu vida te va a regalar eso, un significado especial y mucho poder.

Me niego a rendirme y voy a ir afuera a tomar lo que merezco, voy a ser implacable, no me importa cuántos NO me encuentre, no importa cuántos fracasos haya tenido y vengan, no me importa cuántos errores haya soportado, no me importan mis derrotas, no importa lo que haya hecho el día de ayer. ¡Sí, sí, sí puedo!

Fuente: https://www.youtube.com/watch?v=82_JbJZt868

La Gratitud

Muchas veces damos por hecho muchas cosas que tenemos en nuestras vidas, que somos afortunados de tener como la salud, el trabajo, la familia, los amigos, la vista, el oído y hasta la respiración.

Hay muchas personas en el mundo que no tienen la fortuna de ver o de oír, de gozar de una buena salud, que están batallando con alguna enfermedad, por ejemplo, que necesitan de un tanque de oxígeno para poder respirar.

Es por ello que para finalizar la lectura de este libro, me gustaría compartir contigo unas afirmaciones que tratan acerca de la gratitud, que te sorprenderán al ver cuán afortunado (a) eres y cuántas cosas hay por agradecer.

Te recomiendo hacer las siguientes afirmaciones como un hábito cada día al despertar.

Afirmaciones de Gratitud:

"La gratitud es uno de los sentimientos más poderosos que puedes usar para atraer la abundancia y el bienestar a tu vida.

Sin importar quién seas o dónde estés, la gratitud tiene el poder de eliminar todo tipo de negatividad en tu vida.

La ley de la gratitud gobierna por encima de todo tipo de energía atrayendo energías similares.

Tus pensamientos, sentimientos y creencias son los que determinan el tipo de vibración y frecuencia de tu energía.

Al enfocar tus pensamientos en dar las gracias y, asimismo, al estar agradecido al hablar y sentir, estás convirtiendo la frecuencia de tu energía en la más poderosa y sagrada de las vibraciones, escucha estas siguientes afirmaciones con tu corazón bien abierto".

Gracias por todo lo que he aprendido.

Gracias por la oportunidad de crecer cada día.

Gracias por esta vida.

Gracias a mi respiración.

Gracias a la música.

Gracias por los colores que veo cuando abro mis ojos.

Gracias por este momento.

Gracias por la belleza que se encuentra en todo.

Gracias por la oportunidad de conocer nuevas cosas.

Gracias por los árboles.

Gracias a la tierra.

Gracias por cada experiencia de dicha que he vivido.

Gracias por el amor.

Gracias por mi cuerpo.

Gracias por el amor que recibo.

Gracias por el amor que doy.

Gracias por mi trabajo.

Gracias por el tiempo que tengo para disfrutar de la alegría.

Gracias por ir liberándome de todo lo que ya no necesito.

Gracias porque me alimento de amor propio
a cada instante.

Gracias por el hogar que habito.

Gracias por mi templo sagrado que es mi corazón.

Gracias por mi autenticidad.

Gracias por cada una de mis virtudes.

Gracias porque sé que soy una gran y
un gran manifestador.

Gracias por mi salud.

Gracias por mi inocencia.

Gracias por mi sabiduría.

Gracias porque este día será una nueva oportunidad
para disfrutar.

Gracias porque solo yo decido qué es lo que entra
a mi vida.

Gracias por la paz.

Gracias por lo que vendrá.

Gracias por todo lo que soy y por todo lo que tengo.

Gracias hoy.

Gracias ahora.

Gracias siempre.

Gracias, gracias por mi piel que me permite
sentir los abrazos.

Gracias al viento que me acaricia.

Gracias por el sol que me calienta.

Gracias por los alimentos que tengo.

Gracias por el agua.

Gracias por los mares.

Gracias por los atardeceres.

Gracias por los hermosos amaneceres.

Gracias por un nuevo día.

Gracias por el pasto.

Gracias a las plantas.

Gracias a las flores.

Gracias por todos los bellos aromas.

Gracias por mi corazón.

Gracias por esta oportunidad que es única.

Gracias por mi fortaleza.

Gracias por el fuego.

Gracias a la tierra.

Gracias por cada momento.

Gracias por el éxito que viene.

Gracias por el éxito que está.

Gracias por cada proceso que he vivido.

Gracias porque tengo claro lo que quiero y lo que
no quiero en mi vida.

Gracias por las risas.

Gracias por el alimento para mi corazón.

Gracias por la creatividad.

Gracias por los sueños.

Gracias por todos mis amigos.

Gracias por la bella compañía.

Gracias por los que han estado aquí
cuando más los necesito.

Gracias a mí por estar en mí.

Gracias por mi presencia.

Gracias por mi arte.

Gracias por este momento que es único.

Gracias por la belleza que soy.

Gracias por la claridad que tengo cada día.

Gracias a la bella luna.

Gracias a todos mis ancestros.

Gracias a mis bellos padres.

Gracias a mis hijos.

Gracias por la posibilidad de ir andando cada día con más amor propio.

Gracias por mi constancia.

Gracias por todos mis maestros.

Gracias por la magia.

Gracias por mi magia.

Gracias por el silencio.

Gracias, gracias, gracias.

Fuente: https://www.youtube.com/watch?v=LPAQHNbE2fo

Agradecimiento a Lain García Calvo

Y a ti, querido lector, te presento *La Voz de tu Alma*. Un libro muy interesante, diferente y con un estilo muy propio que marcará un antes y un después. Tengo que decirte que no fue de los primeros libros de crecimiento personal que leía ni su evento el primero al que acudía, pero nunca había, ni tan siquiera escuchado, lo que en *La Voz de Tu Alma* y en el evento Intensivo "Vuélvete Imparable" se explicaba.

¡Todo era tan desconocido! Y, a la vez, tan interesante…

En su libro, Lain explica principios y leyes universales, acerca de cómo funcionan y cómo aplicarlos a nuestro día a día de una manera tan sencilla, práctica y amena que no te dejarán indiferente.

Sin duda, un libro que todo el mundo debería leer, mínimo una vez en su vida.

Si tú también quieres conseguirlo, entra en:

www.laingarciacalvo.com

Sígueme en mis redes sociales:

Haifa Ghawi

Haifa Ghawi

haifa.ghawibs@gmail.com

www.ingramcontent.com/pod-product-compliance
Lightning Source LLC
LaVergne TN
LVHW091712190726
843493LV00001B/266